오스왈드 챔버스의
전도서

Shade of His Hand :
Talks on the Book of Ecclesiastes

Original edition copyright ⓒ 1936 by Oswald Chambers Publications Assn., Ltd.
All rights reserved
Published by special arrangement with Discovery House Publishers,
3000 Kraft Avenue SE, Grand Rapids, Michigan 49512 USA.

Korean translation copyright ⓒ 2013 by Togijangi Publishing House
2F, 71-1, Donggyo-ro, Mapogu, Seoul 04018, Korea

This Korean edition is published by arrangement with Discovery House Publishers
(3000 Kraft Avenue SE, Grand Rapids, Michigan 49512 USA.)

본 저작물의 한국어판 저작권은 Discovery House Publishers 와의 독점 계약으로 한국어
판권을 '도서출판 토기장이'가 소유합니다. 저작권법에 의하여 한국 내에서 보호를 받는
저작물이므로 무단 전재와 무단 복제를 금합니다

특별한 표기가 없는 모든 성경 구절은 개역개정성경을 인용한 것입니다.

오스왈드 챔버스의
전도서

오스왈드 챔버스 지음 · 스데반 황 옮김

토기장이

서언

챔버스가 소천하기 2주 전까지 혼신의 힘을 다해 강해한 전도서

「오스왈드 챔버스의 전도서」는 내 친구 오스왈드 챔버스가 1917년 10월 제1차 세계대전 당시 이집트 자이툰 막사에 모인 장병들에게 전한 메시지이다. 사실 이 내용은 그가 1917년 11월 15일 하나님 앞으로 가기 직전까지, 그동안 땀 흘려 기경해놓은 옥토와 같은 장병들에게 나눈 마지막 강론이다.

안타깝게도 그는 전도서의 마지막 장인 12장을 강론하지 못하고 세상을 떠났다. 그래서 그의 가장 친한 친구인 내가 마지막 장을 작성하였다. 물론 그 작업은 챔버스의 사상을 정확하게 붙든 가운데, 1장에서 11장과 같은 맥락에서 이루어졌다.

특별히 이 책은 챔버스의 다른 책들인「오스왈드 챔버스의 산상수훈」,「그리스도인의 제자훈련」,「오스왈드 챔버스 십자가의 구속」등을 읽은 독자들에게 더욱 큰 유익이 될 것이다. 챔버스의 이전 강론들이 인간의 내면에서 역사하는 구원의 여정을 보여 주는 것이라면「오스왈드 챔버스의 전도서」는 구원과 우리의 일상을 연결해주기 때문이다.

전도서는 인생이 살아 볼 만한 가치가 없는 헛된 것이라고 가르치는가? 아니다. 이러한 어두운 결론을 말하는 것이라면 이야기할 필요조차 없을 것이다. 챔버스는 전도서의 메시지를 '인생은 구속을 떠나서는 살 가치가 없는 것'으로 요약했다.

전도서는 이 시대를 위한 지혜서로서 구속함을 받은 사람이 어떻게 하나님을 영화롭게 할 수 있는지를 가르쳐 준다. 어떻게 해야 직장생활, 가정생활, 대인 관계, 여가생활 등 삶의 전반에서 하나님의 영광이 될 수 있는 지를 알려 준다. 십자가 구속의 사랑을 떠난 인생은 죄와 슬픔, 거짓과 잔인함, 지독한 이기심과 절망으로 가득 찰 수밖에 없다.

이 책은 이 모든 것을 충분히 다루고 있다. 그리고 오늘날 우리가 당면하고 있는 많은 문제들을 예측하여, 그 문제에 대한 유일한 해결책을 제시하고 있다. 그 해결책은 바로 인생의 모든 관계와 사건 속에서 주 예수 그리스도를 나타내는 것이다.

데이비드 램버트

그는 영국 레바논 선교훈련대학의 교장이었다. 오스왈드 챔버스의 절친한 친구였으며 챔버스가 세상을 떠난 후에 챔버스 부인을 도와 그의 책이 세상에 나올 수 있도록 각별한 도움을 주었다.

차 례

서언

제 1 장 : 전도서 1장
　　　　우리를 잠식한 이성주의 … 11

제 2 장 : 전도서 2장
　　　　삶의 어둠 가운데 … 29

제 3 장 : 전도서 3:1-15
　　　　삶의 요동 가운데 … 47

제 4 장 : 전도서 3:16-22
　　　　삶의 낙심 가운데 … 69

제 5 장 : 전도서 4장
　　　　삶의 억압 가운데 … 83

제 6 장 : 전도서 5:1-7
　　　　삶의 한계 가운데 … 99

제 7 장 : 전도서 5:8-20
　　　　평범과 신성 사이 … 111

제 8 장 : 전도서 6장
　　　　풀리지 않는 세상만사 … 131

제 9 장 : 전도서 7:1-7
　　　　그리스도인의 가치관 … 147

제 10 장 : 전도서 7:8-12
   가치 있는 선택 … 161

제 11 장 : 전도서 7:13-22
   산 정상에서 다시 보는 인생 … 173

제 12 장 : 전도서 7:23-29
   삶의 가시 … 189

제 13 장 : 전도서 8장
   좁은 편견, 넓은 안목 … 205

제 14 장 : 전도서 9장
   예측할 수 없는 인생 … 221

제 15 장 : 전도서 10장
   인간은 인간일 뿐 … 239

제 16 장 : 전도서 11장
   쓸모없는 이성주의 … 251

제 17 장 : 전도서 12장
   무너지는 장막 … 265

역자 후기

하늘의 사냥개
The Hound of Heaven

기둥 같았던 안정의 시간들이 흔들린다.

삶이 너무 무거워 어두움이 번진다.

오랜 세월 재 가운데 서 있었구나.

나의 우울한 세월 가운데에서

하나님 손길의 그늘이

나를 위로하기 위해 펼쳐 있다.

_프랜시스 톰슨 Francis Thompson, 1859-1907

제 1 장
우리를 잠식한 이성주의

전도서 1장

젊을 때 내 자신도
힘을 다하여 지식과 거룩을 구하였다.

내가 들어갔던 그 문으로 다시 나오며
지식과 거룩에 대한 위대한 논쟁들을 듣고 또 들었다.

내가 심은 지혜의 씨앗을 자라나게 하기 위하여
내 손으로 친히 일구었다.

마침내 그 모든 수고에서 얻은 것은
물과 바람과 같았다.

_ **오마르 하이얌** Omar Khayyam, 1048-1123, 페르시아 시인

먼저 히브리 지혜와 그리스 지혜의 차이점을 아는 것이 중요하다. 히브리 지혜는 하나님을 믿는 믿음에 기초한다. 하지만 하나님의 존재를 알아내려는 시도는 하지 않는다. 또한 하나님 뜻을 전제로 현실에 대처하며 모든 지적인 에너지가 현실의 삶에 집중되어 있다. 한편, 그리스 지혜는 현 시대의 지혜와 같은 의미로 사색적인 특징이 있다. 즉, 모든 것의 기원에 관심을 갖으며 수수께끼 같은 세상만사에 대해 고민한다. 결국 최고의 지혜라고 해도 현실의 삶과는 관계가 없다.

솔로몬의 지혜

"하나님이 솔로몬에게 지혜와 총명을 심히 많이 주시고 또 넓은 마음을 주시되 바닷가의 모래 같이 하시니 솔로몬의 지혜가 동쪽 모든 사람의 지혜와 애굽의 모든 지혜보다 뛰어난지라 그는 모든 사람보다 지혜로워서 예스라 사람 에단과 마홀의 아들 헤만과 갈골과 다르다보다 나으므로 그의 이름이 사방 모든 나라에 들렸더라 그가 잠언 삼천 가지를 말하였고 그의 노래는 천다섯 편이며" 왕상 4:29-32.

우리는 욥기에 기록된 히브리 지혜에 따라 사람이 어떻게 현실 속에서 고통당하는가를 본다. 욥의 고통은 그를 완전하게 하기 위함이 아니었다욥 1:8. 욥은 하나님과 사탄이 욥의 영혼을 전쟁터로 삼았기 때문에 고난을 받았다. 하나님의 영광이 고난에 임하는 욥의 태도에 달려 있었다.

사탄은 그 어떠한 사람도 아무런 조건 없이 하나님을 사랑하지는 않는다고 비아냥거렸다. 다시 말해서 하나님이 주신 복 때문에 하나님을 사랑하는 것이라고 주장하였다. 이에 하나님은 사탄으로 하여금 욥이 누리는 모든 복을 파괴할 수 있도록 허락하셨다.

사탄은 하나님의 허락 하에 맘껏 욥이 받은 복을 파괴하였으나 욥은 하나님을 저주하지 않았다. 이로써 욥은 진심으로 하나님을 사랑한 것이지 하나님이 베푸신 복을 사랑함이 아니었음을 증명하였다. 욥은 자신의 모든 소유를 잃었다. 그가 믿던 신조도 잃었다. 그러나 그는 결코 하나님을 붙드는 것만은 잊지 않았다. 그러면서 욥은 "그가 나를 죽이시더라도 나는 그분을 신뢰하리라"욥 13:15고 고백한다. 단순히 삶의 교훈을 주는 것이 욥기의 목표는 아니다. 욥기는 고난의 불가해함을 말한다.

시편에서는 지혜가 현실과 기도에 적용된다. 잠언은 삶의 현실에 지혜를 적용하고, 전도서는 현실을 그대로 인정한 채 즐길 수 있도록 지혜를 적용한다. 참된 즐거움은 삶의 모든 부분에 있어서 하나님과의 관계를 붙들 때 가능함을 보여 준다.

놀랍게도 삶의 소용돌이가 각 지혜서에 기록되어 있다. 어떻게 고통을 당하는가는 욥기에, 어떻게 기도하는가는 시편에, 어떻게 행동하는가는 잠언에, 어떻게 즐거워하는가는 전도서에, 어떻게 사랑하는가는 아가서에 담겨 있는 것이다.

히브리 지혜

"여호와께서 그 조화의 시작 곧 태초에 일하시기 전에 나를 가지셨으며 만세 전부터, 태초부터, 땅이 생기기 전부터 내가 세움을 받았나니 아직 바다가 생기지 아니하였고 큰 샘들이 있기 전에 내가 이미 났으며 산이 세워지기 전에, 언덕이 생기기 전에 내가 이미 났으니 하나님이 아직 땅도, 들도, 세상 진토의 근원도 짓지 아니하셨을 때에라 그가 하늘을 지으시며 궁창을 해면에 두르실 때에 내가 거기 있었고 그가 위로 구름 하늘을 견고하게 하시며 바다의 샘들을 힘 있게 하시며 바다의 한계를 정하여 물이 명령을 거스르지 못하게 하시며 또 땅의 기초를 정하실 때에 내가 그 곁에 있어서 창조자가 되어 날마다 그의 기뻐하신 바가 되었으며 항상 그 앞에서 즐거워하였으며 사람이 거처할 땅에서 즐거워하며 인자들을 기뻐하였느니라 아들들아 이제 내게 들으라 내 도를 지키는 자가 복이 있느니라 훈계를 들어서 지혜를 얻으라 그것을 버리지 말라 누구든지 내게 들으며 날마다 내 문 곁에서 기다리며 문설주 옆에서 기다리는 자는 복이 있나니 대저 나를 얻는 자는 생명을 얻고 여호와께 은총을 얻을 것임이니라 그러나 나를 잃는 자는 자기의 영혼을 해하는 자라 나를 미워하는 자는 사망을 사랑하느니라"잠 8:22-36.

히브리 지혜는 하나님의 존재를 발견하기 위해 시작된 것이 아니다. 또한 죄의 기원에 관한 사색적인 탐구를 위한 것도 아니다. 히브리 지혜에서 하나님의 존재는 이미 전제되어 있기에 더 이상 신에 대한 질문을 하지 않는다. 이러한 바탕 위에 히브리 지혜는 현실을 다루기 시작한다.

모든 현실의 근본은 논리적이지 않고 비극적이다. 이성은 현실 가운데 사실들을 볼 수 있도록 인도한다. 그러나 이성이 현실을 그대로 설명할 수 있는 것은 아니다. 물론 이성을 사용하지 말아야 한다는 뜻은 아니다. 이성이야말로 인간에게 주어진 최고의 선물이다. 이성주의자들은 출생과 죽음 사이의 인생을 인간의 이성으로 설명할 수 있다고 본다. 그러나 삶의 여러 경험은 이성으로 설명되지 않는다. 오히려 비이성적인 요소들이 더 많다.

구약이 이제 제자리를 찾은 것 같다. 사실 우리는 너무나 오만했다. 자신이 원하는 결론을 내리기 위해 성경의 관점을 무시해온 것이다. 예를 들어, 성경은 하나님의 존재를 증명하지 않는다. 또한 예수 그리스도께서 하나님의 아들이라는 사실도 증명하려고 하지 않는다. 성경은 이미 하나님을 믿는 자들의 믿음을 확증하기 위하여 기록되었기 때문이다.

성경이 논리적으로 미흡하며 설득력이 없다고 결론을 내린 사람들도 있다. 하지만 가장 위대한 사상들은 성경 안에 있다! 요한과 바울은 사람의 글을 인용하지 않고 종교적 사상을 체계화시켰다. 이들처럼 완전하고 위대한 사상가들이 없다. 그러나 인간들은 여전히 그들을 우습게 여기는 것을 자랑으로 여긴다.

그리스 지혜

"기록된 바 내가 지혜 있는 자들의 지혜를 멸하고 총명한 자들의 총명을 폐하리라 하였으니 지혜 있는 자가 어디 있느냐 선비가 어디 있느냐 이 세대에 변론가가 어디 있느냐 하나님께서 이 세상의 지혜를 미련하게 하신 것이 아니냐 하나님의 지혜에 있어서는 이 세상이 자기 지혜로 하나님을 알지 못하므로 하나님께서 전도의 미련한 것으로 믿는 자들을 구원하시기를 기뻐하셨도다 유대인은 표적을 구하고 헬라인은 지혜를 찾으나 우리는 십자가에 못 박힌 그리스도를 전하니 유대인에게는 거리끼는 것이요 이방인에게는 미련한 것이로되 오직 부르심을 받은 자들에게는 유대인이나 헬

라인이나 그리스도는 하나님의 능력이요 하나님의 지혜니라 하나님의 어리석음이 사람보다 지혜롭고 하나님의 약하심이 사람보다 강하니라"고전 1:19-25.

현대의 지혜는 그리스 지혜인데 세 가지 면에서 현실과 동떨어진다. 첫째, 그리스 지혜는 정신적이다. 우주의 기원을 찾으려는데 바쁘다. 둘째, 성경이 아닌 논리를 통하여 그 해답을 찾으려 한다. 셋째, 현실과 동떨어지기에 현실에 눈을 감게 하고 이상적인 세상에서만 살도록 한다. 그리고 모든 것을 이상적으로 이야기한다. 죄가 없어야 하고, 전쟁이 없어야 하고, 악마가 없어야 하고, 병과 불의가 없어야 한다고 말한다. 그러나 분명 현실에 이것들은 존재한다! 정신적으로 현실을 무시하는 현실 도피자가 된다고 해도 아무런 유익이 없음을 기억하자.

솔로몬은 담대히 현실을 그대로 대면한다. 성경은 구약이든 신약이든 순수 신비주의를 허용하지 않는다. 순수 신비주의자는 현실을 조소한다. 그리고 교만한 자세를 취하면서 현실과 괴리된다. 그들은 자신들만의 특수 집단을 형성하고 더 나은 체험을 추구한다. 그러나 성경은 이러한 순수 신비주의자들을 인정하지 않는다.

굳이 예를 들자면 변화산 사건에서 베드로의 말이 순수 신비주의로 비춰질 수 있다.

"베드로가 예수께 여짜오되 주여 우리가 여기 있는 것이 좋사오니 우리가 초막 셋을 짓되"눅 9:33.

그러나 베드로는 곧 세상으로 내려간다. 산 정상에서의 신비적 체험, 하나님을 뵌 체험, 고독의 체험을 했더라도 복잡한 현실의 삶이라는 시험을 치르고 통과해야 한다. 히브리 지혜는 현실과 괴리된 채 머릿속에서만 살아가는 눈먼 인생과는 거리가 멀다. 새벽의 고요함으로 일관된 인생과도 거리가 멀다. 산 정상에만 머무는 인생과도 거리가 멀다. 히브리 지혜는 당신이 변화산에서 본 비전을 더러움으로 가득 찬 세상으로 가져가 그 비전대로 살라고 요구한다.

현실적인 체험 전 1:1-11

전도서는 우리가 처하는 현실의 상황을 다룬다. 눈앞의 현실 속에서 우리는 보이지 아니하시는 하나님을 붙들어야 한다.

의식적인 노력과 끊임없는 소멸

"다윗의 아들 예루살렘 왕 전도자의 말씀이라 전도자가 이르되 헛되고 헛되며 헛되고 헛되니 모든 것이 헛되도다 해 아래에서 수고하는 모든 수고가 사람에게 무엇이 유익한가 한 세대는 가고 한 세대는 오되 땅은 영원히 있도다"전 1:1-4.

'헛되다'는 것은 거짓된 것이라기보다 일시적인 것을 뜻한다. 하루 있다가 사라지는 것이 헛된 것이다. 사람들이 행한 모든 것이 계속 잊혀진다. 사람들이 목숨을 걸고 싸웠던 모든 것도 다 지나간다. 살아갈 날들이 많이 남은 것 같으나 어느새 삶은 끝난다. 그럼에도 인생이란 소설도 아니고 공상도 아닌 실제이다. 현실을 사실 그대로 고려한다면 인생에는 언제나 슬픔이 있다.

낙관주의는 종교적인 믿음이나 인간의 체질에서 비롯된다. 삶을 현실 그대로 생각할 줄 아는 사람은 낙관주의자가 될 수 없다. 종교적 또는 체질적 관점에서 낙관주의로 눈이 가려지지 않는 한 결코 낙관주의자가 될 수 없다. 모든 실제 삶을 요약하면 그 근본에는 비극이 있다.

당신의 삶을 요약해 보라. 종교적인 관점이나 낙관주의적 입장에서 삶을 보지 않는다면, 내일 죽을 인생이니 먹고 마시고 즐거워하는 것이 최고라고 여길 것이다고전 15:32. 만일 이성주의가 만사의 근본이라면 의심할 여지없이 '내일 죽을 터이니 먹고 마시는 것'이 가장 합리적인 답변이 된다. 모든 것의 근본이 비극이면 성경의 관점은 그 해답이 된다.

니체Nietzsche, 1844-1900는 그 어떤 이성주의자들보다 더 진리에 가까운 사람이었다니체는 1874년 태어나 1917년 사망한 오스왈드 챔버스보다 30세 많다. 따라서 챔버스에게 니체는 거의 동시대 철학자로 느껴졌을 것이다-역주. 니체는 모든 것의 근본은 비극이라고 선포했다. 그리고 그 비극에서 벗어날 수 있는 길은 무자비하고도 초능력을 지닌 사람에 의해서 가능하다고 했다.

성경 역시 모든 것의 근본이 비극이라고 계시한다. 그러나 그 비극에서 나오는 길은 다르다. 바로 자비하신 하나님의 구속으로 가능한 것이다. 이 시대 사람들은 우리가 진화하는 과정에 있다고 한다. 결국 진화를 통하여 엄청난 존재가 될 것이라고 한다. 그러나 히브리 지혜는 인간의 역사와 업적을 돌아보며 말한다.

"인간은 창조된 본래의 모습에서 엄청나게 부패하였도다."

종교적 또는 체질적 관점에 의하여 눈이 가려지지 않은 사람은 거의 없다. 종교와 체질에 의해 눈이 가려지는 것을 막을 만한 능력이 사람에게 없기 때문이다. 따라서 우리는 종교, 기질, 고집에 의하여 눈이 가려진 채 생각하기 쉽다. 솔로몬에게 배우자. 우리의 눈을 가리고 있는 것들에서 벗어나 있는 그대로의 현실을 직시하자. 솔로몬의 최고의 지혜와 총명을 배우자.

솔로몬의 지혜와 이해를 가졌던 사람이 있다면 입센Ibsen, 1828-1906을 들 수 있다. 그는 신에 대한 믿음을 배제한 채 현실을 정확히 바라보았다. 곧 용서와 죄 사함을 고려치 않고 현실을 직시했다. 그 결과 그는 삶은 응보에서 벗어날 수 없다고 보았다.

결국 모든 것의 끝은 '비참'하다는 것이었다. 셰익스피어를 특별한 작가로 만드는 것도 알고 보면 그의 작품 속에 흐르는 이러한 믿음 때문이다. 그의 믿음은 성경을 이해하는 자들에게 훨씬 자연스러운 것인데, 모든 것의 근본은 비극이라는 믿음이었다.

> 자연의 결과들에 대한 계속적인 망각
>
> "해는 뜨고 해는 지되 그 떴던 곳으로 빨리 돌아가고 바람은 남으로 불다가 북으로 돌아가며 이리 돌며 저리 돌아 바람은 그 불던 곳으로 돌아가고" 전 1:5-6.

자연 속에서 발생하는 모든 일은 사라졌다가 다시 시작하는 일을 끝없이 반복한다. 전도서는 단지 무의미한 시적 표현을 나열한 것이 아니다. 태양이 떠오르고 지는 모습은 약 반 시간 정도 당신을 황홀케 할지도 모른다. 아마 아름다운 음악도 그러할 것이다. 그러나 그 뒤엔 갑작스런 후유증이 찾아온다. 놀라울 정도로 오래도록 슬픔이 지속되는 것이다. 연인들은 언제나 상대가 죽게 될까 봐 두려워한다. 이는 허튼 소리가 아니다. 전쟁으로 죽든 자연사하든 사랑하는 이를 잃게 되면 말로 다 할 수 없는 슬픔과 비극에 빠지게 된다. 오직 영원한 사랑 가운데서 참 기쁨과 즐거움을 누리길원하지만 결코 그렇게 되지 않는다.

결국 기쁨이란 잠시 있다 사라지는 우연한 것이고 그 뒤에는 반드시 비극이 찾아오는 것이다. 기독교의 참 의미는 하나님의 뜻이 우연한 세상만사에 깃들었다는 것을 알려주는 데 있다.

하나님의 허용하시는 뜻인 섭리와 하나님의 자명한 뜻인 작정하심의 차이를 알아야 한다. 두 소년이 빈민가에서 태어났다고 하자. 한 소년은 그곳에서 벗어나기로 결심한 후에 훌륭한 기술을 쌓았다. 그는 하나님의 허용하시는 뜻 가운데서 하나님의 자명한 뜻을 찾은 것이다. 다른 소년은 절망에 빠져 그대로 머물렀다. 그는 자신을 향한 하나님의 자명한 뜻을 찾지 못하였다.

하나님의 자명하신 뜻은 죄가 없는 것이요, 아픔과 사탄과 전쟁이 없는 것이다. 그러나 그의 허용하시는 뜻인 섭리는 이 세상에 아직 그대로 있다.

변화의 체험과 그 공통점

"모든 강물은 다 바다로 흐르되 바다를 채우지 못하며 강물은 어느 곳으로 흐르든지 그리로 연하여 흐르느니라 모든 만물이 피곤하다는 것을 사람이 말로 다 말할 수는 없나니 눈은 보아도 족함이 없고 귀는 들어도 가득 차지 아니하도다 이미 있던 것이 후에 다시 있겠고 이미 한 일을 후에 다시 할지라 해 아래에는 새 것이 없나니"전 1:7-9.

사람은 현실 속에서 안식을 구한다. 그러나 하나님과의 관계가 없이는 그 어디서도 안식을 찾을 수 없다. 만일 안식을 찾지 못한다면 오히려 죽는 것이 낫다. 하나님을 향한 믿음이 없다면 현실 가운데 모든 것이 얽히면서 당신은 상한 마음을 갖게 된다. 당신은 또다시 당신이 접하는 모든 것을 상하게 한다마 18:6-7.

> 새로움에 대한 착각
>
> "무엇을 가리켜 이르기를 보라 이것이 새것이라 할 것이 있으랴 우리가 있기 오래전 세대들에도 이미 있었느니라 이전 세대들이 기억됨이 없으니 장래 세대도 그 후 세대들과 함께 기억됨이 없으리라"전 1:10-11.

우리가 무지하면 새롭지 않은 것을 새것으로 여긴다. 그리고 망각의 존재인 우리는 새로운 발견을 위하여 인류의 역사를 다 지워버린다. 그러면서 "보라, 이것이 새것이다"라고 우긴다. 솔로몬은 전도서를 통해 그 어느 것도 새로운 것이 없으며 단지 끝없는 지루함만이 있다고 말한다.

개인적인 체험 전 1:12-18

전도서 1장 12-18절은 추측이 아니다. 이 땅에 살았던 인생 중에 가장 지혜로운 자가 내린 결론이다. 성경은 사람이 언제나 자신의 강한 부분에서 쓰러지는 것을 지적한다. 믿음의 사람 아브라함은 불신에 빠졌다. 온유한 모세는 혈기를 부렸다. 용감한 선지자 엘리야는 여인 앞에서 용기를 잃었으며 가장 지혜롭고 부유하고 화려했던 최고의 왕 솔로몬은 유치하고 감각적인 우상에 빠졌다.

> 사고思考의 현실적 조건
>
> "나 전도자는 예루살렘에서 이스라엘 왕이 되어 마음을 다하며 지혜를 써서 하늘 아래에서 행하는 모든 일을 연구하며 살핀즉 이는 괴로운 것이니 하나님이 인생들에게 주사 수고하게 하신 것이라"
> 전 1:12-13.

전도서는 솔로몬이 인생 만사를 체험한 이후 기록한 것이다. 우리는 "전쟁이 없어야 한다, 사탄이 없어야 한다, 고통도 없어야 한다"라고 말하지만 현실은 그와 반대이다. 구름 위에 산다면 몰라도 이 땅에 사는 한 현실은 그렇게 단순하지 않다. 그렇기에 현실이라는 딜레마 속에서 살기 위해서는 실천적인 지혜가 필요하다.

거짓 신을 믿으며 그 신이 존재한다고 거짓을 나열하는 것보다 차라리 무신론자가 되는 것이 낫다. 볼테르Voltaire, 1694-1778는 인간 앞에서 가면을 쓴 신에 대한 장광설을 폈다. 그는 인간의 정의감을 무너뜨리는 인간보다 못한 불의한 신을 믿느니 차라리 신을 믿지 않는 것이 낫다고 주장하였다. 그러면서 불의한 신의 구원을 받아들이느니 차라리 그 신의 '저주'를 낚아채는 것이 낫다고 하였다.

예수 그리스도께서 말씀하셨다.

"내가 곧 길이요 진리요 생명이니" 요 14:6.

당신은 하나님의 참된 성품인 '거룩'을 예수 그리스도 안에서 볼 준비가 되어 있는가? 우리는 보통 사람들을 만날 때와는 달리 친구를 만날 경우, 그의 마음을 인식하게 된다. 하나님께서도 우리를 향하여 마찬가지이시다 3:3.

예수 그리스도는 사람이신 하나님God-Man이다. 신의 본질만으로는 우리에게 가까이 오실 수 없다. 하나님의 전능하심은 우리와 관계가 없으며 그분은 저 구름 위에 계시다. 우리와 관계를 맺기 위해서 그분은 우리가 사는 영역으로 들어오셔야 한다. 우리는 구름 위에 살지 않고 이 땅에 살기 때문이다.

성육신이란 하나님께서 인간의 영역으로 들어오셨다는 뜻이다. 하나님의 지혜와 그분의 말씀, 그분의 정확한 모습이 육체로 나타나셨다. 흙과 신성이 하나가 된 성육신 사건은 신약에서 가장 위대한 진리이다. 순수한 신성이 순수한 인성과 합쳐지지 않는다면 우리에게 아무런 유익을 줄 수 없다. 하나님과 인류가 우리 주 예수 그리스도 안에서 하나가 되었다. 그리스도인들에게는 오직 한 분의 하나님이 있다. 그분의 이름은 주 예수 그리스도이다. 그분 안에서 우리는 인류가 구속의 바탕 위에 서서 마침내 어떻게 될 것인지를 거울을 보듯이 볼 수 있다. 즉, 궁극적으로 인간은 그리스도 안에서 하나님과 완전하게 하나가 될 것이다. 예수 그리스도는 중생에 의하여 자기 자신을 재생시키는 reproduce 능력을 갖고 계신다. 즉, 주님 자신의 유전 형질을 우리에게 넣어주시는 능력을 지니셨다. 따라서 지금도 중생을 통하여 흙과 신성이 끊임없이 하나가 되고 있다.

솔로몬은 "하나님이 인생들에게 삶을 주신 것은 수고하게 하신 것이라"고 요약한다. 당신이 생애 가운데 참 즐거움을 찾으려고 한다면 결국 짜증과 비참으로 마칠 것이다. 지식적으로 해답을 얻고자 노력하면 슬픔과 고통, 낙심만 커질 것이다.

현실을 있는 그대로 직시하고 바르게 해석하면서 참된 안식을 얻을 수 있는 유일한 길은 하나님께 믿음을 두는 것이다. 사람의 제일 가는 목적은 하나님을 영화롭게 하며 그분을 영원토록 즐거워하는 것임을 기억하자. 예수 그리스도는 우리가 접하는 모든 상황을 변화시킬 수 있는 분이다.

삶은 완벽한 수수께끼

"내가 해 아래에서 행하는 모든 일을 보았노라 보라 모두 다 헛되어 바람을 잡으려는 것이로다 구부러진 것도 곧게 할 수 없고 모자란 것도 셀 수 없도다"전 1:14-15.

세상만사는 인간의 사고에 의해 파악될 수 있는 것이 아니다. 특히 구부러진 것을 곧게 하려는 인간적인 시도들이 계속 반복되지만 어느새 다시 구부러진 것들이 일어선다. 인간은 무언가 부족한 것들을 채우려고 하지만 부족함은 끝이 없다. 인간의 철학과 생각을 아무리 합쳐 놓아도 삶의 비극에 대한 수수께끼를 풀 수 없으며, 최선을 다해 이루어 놓은 일들도 다시 허무하게 된다. 결국 하나님과 무관한 인간의 사고로 아무리 알아내려 해도 세상만사는 완벽한 수수께끼로 남게 된다.

하나님의 지혜 vs 인류의 지혜

"내가 내 마음 속으로 말하여 이르기를 보라 내가 크게 되고 지혜를 더 많이 얻었으므로 나보다 먼저 예루살렘에 있던 모든 사람들보다 낫다 하였나니 내 마음이 지혜와 지식을 많이 만나 보았음이로다"전 1:16.

사람들은 과거의 지혜와 지식을 통해 현실을 파악하고자 한다. 하지만 솔로몬은 과거의 모든 지혜와 지식을 살펴본 결과 자신의 지혜와 지식에 못 미치는 것을 발견하였다. 이로써 솔로몬은 오랜 시간에 걸쳐 만들어진 사상이나 지혜라 할지라도 반드시 더 나은 것이 아니라는 결론을 내린다. 하나님 안에서 얻는 지혜와 지식은 오직 하나님의 계시로부터 온다. 그러므로 인류가 시간의 문화를 통해 얻은 그 어떤 지혜와 지식보다 비교할 수 없을 만큼 뛰어나다. 솔로몬은 하나님의 계시로부터 얻은 지혜 안에서 이 세상의 지혜와 지식은 헛되다는 사실을 발견하였다.

진리에 의하여 확인되는 잔인함

"내가 다시 지혜를 알고자 하며 미친 것들과 미련한 것들을 알고자 하여 마음을 썼으나 이것도 바람을 잡으려는 것인 줄을 깨달았도다 지혜가 많으면 번뇌도 많으니 지식을 더하는 자는 근심을 더하느니라" 전 1:17-18.

솔로몬은 세상의 지혜가 무엇인지 알고자 미친 것들과 미련한 것들을 직접 체험해보았다. 그러나 그 결과는 세상 지혜로는 그 무엇도 알아내지 못한다는 것이었다. 세상 지혜와 지식은 쌓으면 쌓을수록 번뇌만 많아질 뿐이다. 현실의 문제를 해결하는 지혜는 오직 하나님과의 관계에서 오기 때문이다. 이러한 구속의 해결책을 알지 못하면 아무리 많은 지혜와 지식과 경험을 더한다 해도 그것은 결국 바람을 잡는 일처럼 헛될 뿐이다.

제 2 장

삶의 어둠 가운데

전도서 2장

누가 하나님만을 원하는 삶을 사는가?

눈물로 주께 구하며 그분을 추구하라.

곧이어 당신도 눈물을 흘리시는

주님을 보게 되리라.

지극히 높은 곳에 계신 주님!

안개같이 사라지는 인간들.

삶과 영혼의 갈등은 잊고

소망과 꿈은 사라질 것이며

필연적으로 다시 눈물과

비참 가운데 머물게 되리라.

주를 알았던 자는 머지않아 다시 돌아와
그분과 사랑하며 영원히 동행하리라.

무서운 꿈과 같이
한때 하나님을 쉽게 떠났으나
어느 곳에도 만족함이 없어
다시 능하고 강하신 주님을 붙드네.

이 땅을 천국으로 만드시는 향기로운 그분을 만나네.
이 세상에서 누구를 구하며 누구를 찾는가!
오직 나의 하나님 당신밖에 없네, 당신밖에 없네.
_F. W. 마이어스 F. W. Myers, 1843–1901, 영국 시인이자 교육가

현실을 직시하는 가운데 바르게 사고하는 사람은 비관론자가 되기 쉽다. 대부분의 사람들은 너무 머리가 굳어 있든지, 선입견으로 가득 차 있든지, 혹은 너무나 종교적이라서 세상만사의 근원을 생각해낼 수 없다. 오직 긴장감 속에서 강제로 현실을 대면하게 될 때 우리는 누가 가장 멋진 사고를 했는지 발견하게 된다.

본능에 따른 삶

쾌락의 이면 전 2:1-2

"나는 내 마음에 이르기를 자, 내가 시험삼아 너를 즐겁게 하리니 너는 낙을 누리라 하였으나 보라 이것도 헛되도다 내가 웃음에 관하여 말하여 이르기를 그것은 미친 것이라 하였고 희락에 대하여 이르기를 이것이 무슨 소용이 있는가 하였노라"전 2:1-2.

전도서 2장에서 솔로몬은 다음과 같은 철학적인 질문을 한다. "왜 사람은 자신이 원하는 대로 인생을 살아서는 안 되는 것일까?"

솔로몬은 그 답변을 세상만사 가운데서 찾고자 했으나 헛된 시도였다. 이에 그는 반항적으로 아무런 절제 없이 모든 쾌락과 정욕을 탐닉해보았다. 우리는 본성적으로 쾌락과 정욕을 추구하는 자와 반항심에서 그러한 것을 추구하는 자를 구별할 줄 알아야 한다. 반항심에서 나오는 탐닉은 어색하며 비통하다. 마찬가지로 자연스럽게 나오는 웃음과 반항심에서 나오는 웃음은 다르다. 반항심에서 나오는 웃음은 참으로 끔찍하다.

인생에 대한 해답을 얻지 못한 자는 돼지우리로 들어가 맘껏 쾌락에 빠지는 경향이 있다. 하지만 단 일 분이라도 하나님을 만나 뵙고 하늘의 순결한 영광에 사로잡힌 자는 스스로 돼지우리에 들어가 맘껏 쾌락에 빠지라고 해도 도리어 비참함과 구역질을 느끼면서 순결함을 그리워하게 된다.

쾌락주의적인 탐욕의 억제 전 2:3

"내가 내 마음으로 깊이 생각하기를 내가 어떻게 하여야 내 마음을 지혜로 다스리면서 술로 내 육신을 즐겁게 할까 또 내가 어떻게 하여야 천하의 인생들이 그들의 인생을 살아가는 동안 어떤 것이 선한 일인지를 알아볼 때까지 내 어리석음을 꼭 붙잡아 둘까 하여"전 2:3.

솔로몬은 모든 예술과 교육이란 모든 사람에게 절제와 지혜를 알려주어 다 같이 자연스러운 삶을 살아갈 수 있도록 하는 수단으로 보았다. 만일 삶의 바탕이 논리적이라면 삶은 예술과 교육으로 충분할 것이다. 에피쿠로스Epikouros는 최고의 철학자였는데 그는 삶의 쾌락, 특히 식욕의 즐거움을 지혜롭게 다루는 것이 삶의 바탕이라고 주장하였다.

솔로몬은 다음과 같이 생각하며 온 힘을 다해 술에 미쳐보려고 노력하였다.

"내가 어떻게 하여야 내 마음을 지혜로 다스리면서 술로 내 육신을 즐겁게 할까."

즉, 그는 짐승과 같은 삶을 살려고 한 것이 아니라 식욕을 지혜롭게 다루면 만족스러운 참된 삶을 찾을 수 있는지 알아보고자 한 것이다. 하지만 이것 역시 헛되었다. 이 결론은 아무런 시도를 해보지 않았던 사람에게서 나온 것이 아니라 인류 역사상 그 누구보다 이를 입증할 만한 자격을 갖추었던 솔로몬이 직접 시도해보고 내린 결론이다.

미학의 재건립 전 2:4-10

"나의 사업을 크게 하였노라 내가 나를 위하여 집들을 짓고 포도원을 일구며 여러 동산과 과원을 만들고 그 가운데에 각종 과목을 심었으며 나를 위하여 수목을 기르는 삼림에 물을 주기 위하여 못들을 팠으며 남녀 노비들을 사기도 하였고 나를 위하여 집에서 종들을 낳기도 하였으며 나보다 먼저 예루살렘에 있던 모든 자들보다도 내가 소와 양 떼의 소유를 더 많이 가졌으며 은 금과 왕들이 소유한 보배와 여러 지방의 보배를 나를 위하여 쌓고 또 노래하는 남녀들과 인생들이 기뻐하는 처첩들을 많이 두었노라 내가 이같이 창성하여 나보다 먼저 예루살렘에 있던 모든 자들보다 더 창성하니 내 지혜도 내게 여전하도다 무엇이든지 내 눈이 원하는 것을 내가 금하지 아니하며 무엇이든지 내 마음이 즐거워하는 것을 내가 막지 아니하였으니 이는 나의 모든 수고를 내 마음이 기뻐하였음이라 이것이 나의 모든 수고로 말미암아 얻은 몫이로다"전 2:4-10.

솔로몬은 삶의 기쁨을 찾기 위해 자신의 삶을 심미적인 것에 투자했다. 심미적인 것을 추구하는 자들은 자신이 일반 사람들과는 다른 차원에 있다고 생각하는 경향이 있다. 그들은 자신의 감각을 기쁘게 하는 것이라면 그것이 뭐든 타당하게 여긴다. 솔로몬 역시 "무엇이든지 내 눈이 원하는 것을 내가 금하지 아니하였다"라고 고백하지 않았는가.

그러나 우리가 기억해야 하는 것은 맨 처음 인간의 문명이 살인자 가인에 의해 세워졌다는 사실이다. 그리고 모든 심미적인 발달은 문명이라는 차원에서 개발되어 왔다. 물론, 예술과 시와 음악의 기원은 하나님께 있다. 그러나 그러한 문화들이 그릇된 토대 위에서 발전됨으로써 본연의 기능에서 벗어나 인간의 삶을 바르게 돕기보다 부패시키는 역할을 해왔다. 미학은 하나님의 나라를 위해 참으로 귀한 것이다. 하지만 이 땅에서는 부패하여 그 역할을 제대로 감당하지 못하고 있다. 미학에 대한 현대인들의 관점은 솔로몬의 관점과는 정반대이다.

본능에 따라 사는 삶의 결론 전 2:11

"그 후에 내가 생각해 본즉 내 손으로 한 모든 일과 내가 수고한 모든 것이 다 헛되어 바람을 잡는 것이며 해 아래에서 무익한 것이로다"전 2:11.

이 말씀에서 본능에 따른 생활 방식을 시도해 본 솔로몬의 깊고 심오한 비관주의를 볼 수 있다. 성경의 모든 지혜서는, 이성주의에 바탕을 둔 순수 사고가 반드시 비관주의로 귀결됨을 입증한다. 비관주의에 빠지지 않는 사람들은 대부분 신앙이 있든지 아니면 기질적으로 낙천적인 자들이다. 삶은 근본적으로 비참한 것이며, 그 비참에서 빠져나올 수 있는 유일한 길은 구속을 바탕으로 하나님과 인격적인 관계를 맺는 것이다.

솔로몬은 자신이 의도적으로 쾌락과 식욕과 미학의 생활 방식을 경험했지만 그 어떤 것에서도 참된 만족을 발견하지 못하였다.

억제의 생활 방식

올바른 판단의 특성 전 2:12-14

"내가 돌이켜 지혜와 망령됨과 어리석음을 보았나니 왕 뒤에 오는 자는 무슨 일을 행할까 이미 행한 지 오래전의 일일 뿐이리라 내가 보니 지혜가 우매보다 뛰어남이 빛이 어둠보다 뛰어남 같도다 지혜자는 그의 눈이 그의 머리 속에 있고 우매자는 어둠 속에 다니지만 그들 모두가 당하는 일이 모두 같으리라는 것을 나도 깨달아 알았도다"전 2:12-14.

만일 사람이 바른 길을 택하여 나아가면 참된 기쁨을 발견할 수 있을까? 그렇지 않다. 예를 들어, 욥을 보라. 그는 기쁨을 발견하지 못하였다. 그는 하나님을 신뢰하는 자에게 주께서 복을 베푸시며 형통케 하신다고 믿었다. 그러나 이러한 욥의 믿음은 실제 삶 속에서 산산조각 났다. 솔로몬 역시 어리석은 짓들을 시도했으나 단지 망령됨을 발견하였다고 말한다. 즉, 짐승처럼 오직 본능에 의해 사는 사람은 어리석다. 인간이 해야 할 최선은 모든 일을 제대로 판단하여 바른 길을 택하는 것이다.

세상 지혜의 말로 전 2:15-19

"내가 내 마음속으로 이르기를 우매자가 당한 것을 나도 당하리니 내게 지혜가 있었다 한들 내게 무슨 유익이 있으리요 하였도다 이에 내가 내 마음속으로 이르기를 이것도 헛되도다 하였도다 지혜자도 우매자와 함께 영원하도록 기억함을 얻지 못하나니 후일에는 모두 다 잊어버린 지 오랠 것임이라 오호라 지혜자의 죽음이 우매자의 죽음과 일반이로다 이러므로 내가 사는 것을 미워하였노니 이는 해 아래에서 하는 일이 내게 괴로움이요 모두 다 헛되어 바람을 잡으려는 것이기 때문이로다 내가 해 아래에서 내가 한 모든 수고를 미워하였노니 이는 내 뒤를 이을 이에게 남겨 주게 됨이라 그 사람이 지혜자일지, 우매자일지야 누가 알랴마는 내가 해 아래에서 내 지혜를 다하여 수고한 모든 결과를 그가 다 관리하리니 이것도 헛되도다"전 2:15-19.

솔로몬은 올바른 일을 행하는 인생이라도 결국 비참하게 마칠 것이라고 말한다. 이성적으로 바르게 판단하여 탁월한 삶을 살더라도 결국 하나님께 반항하는 삶으로 끝마치는 것이다. 따라서 어리석은 자로 사나 지혜로운 자로 사나 참된 기쁨을 발견하는 데는 아무런 영향을 미치지 못한다. 솔로몬은 자신이 시도했던 모든 경험을 우리에게 알려주면서 오직 한 가지를 주장한다. 그것은 바로 우리 삶의 목적은 하나님을 영화롭게 하며 영원토록 그를 즐거워하는 것이라는 사실이다.

오늘날 이 시대는 구약의 '지혜'를 대항하여 반란을 일으키며 신약의 지혜 또한 거절한다. 사람들은 성경에 따라 생각하지 않는다. 그 결과 가장 어리석고 상투적인 말만 늘어놓게 되었다.

현실도피자가 되는 것은 지독히 어리석은 짓이다. 솔로몬은 현실도피자가 되려고도 하지 않았고 오늘날 사람들처럼 쉽고 안일한 삶을 추구하지도 않았다.

사람이 참된 만족을 누릴 수 있는 유일한 길은 오직 자신의 피조된 목적을 이루는 것이다. 예수 그리스도는 이렇게 기도하셨다.

"그들로 내 기쁨을 그들 안에 충만히 가지게 하려 함이니이다"요 17:13.

예수 그리스도께서 항상 지니셨던 삶의 자세는 현실로부터 동떨어지는 것이 아니라 현실 가운데 하나님 나라를 붙들고 사는 것이었다. 사람들은 주께서 현실로부터 동떨어진 삶을 살지 않으시는 것을 보고는 "보라 먹기를 탐하고 포도주를 즐기는 사람이요 세리와 죄인의 친구로다!"마 11:19라고 빈정거렸다. 우리 주님의 전 생애는 하나님께 뿌리를 내리고 그분 안에 거하는 삶이었다. 그 결과 주 예수님은 결코 지치신 적도 없었고 또한 냉소적이신 때도 없었다.

경험도 헛되다 전 2:20-23

"이러므로 내가 해 아래에서 한 모든 수고에 대하여 내가 내 마음에 실망하였도다 어떤 사람은 그 지혜와 지식과 재주를 다하여 수고하였어도 그가 얻은 것을 수고하지 아니한 자에게 그의 몫으로 넘겨 주리니 이것도 헛된 것이며 큰 악이로다 사람이 해 아래에서 행하는 모든 수고와 마음에 애쓰는 것이 무슨 소득이 있으랴 일평생에 근심하며 수고하는 것이 슬픔뿐이라 그의 마음이 밤에도 쉬지 못하나니 이것도 헛되도다"전 2:20-23.

모든 것의 결말은 결국 똑같다. 아무리 선하고 깨끗하고 존경받을 만한 삶을 살았더라도 인생의 끝은 짐승처럼 산 자들과 다를 바가 없다. 또한 하루 종일 수고하며 살더라도 인생의 끝은 놀고먹고 지낸 자들과 같다. 지금 이러한 진술은 터무니없는 말이 아니다. 가장 지혜롭고 모든 경험을 해본 솔로몬에게서 나온 이야기이다. 만일 솔로몬이 현실의 문제에 대해 문외한이었다면 그가 말한 기독교의 교훈은 영락없이 허튼소리가 될 것이다.

어떤 사람들은 자신만만하게 하나님의 나라는 구속救贖 없이도 이루어질 수 있다고 착각하고 있다. 그들의 주장에 따르면 대중에게 어떤 지혜로운 제재를 가하면 이 땅에서도 천국을 이룰 수 있다는 것이다. 솔로몬 역시 이러한 시도를 해보았지만 그는 어리석게 산 삶과 마찬가지였다고 말한다.

이 모든 결과로부터 하나의 목소리가 들린다.

"내가 곧 길이요 진리요 생명이니 나로 말미암지 않고는 아버지께로 올 자가 없느니라"요 14:6.

비참한 삶에서 벗어나는 비결은 지식도 아니고 미학도 아니다. 오직 예수 그리스도와의 인격적인 교제 가운데 갖는 영적인 의식을 지닐 때 비참한 삶에서 벗어날 수 있다.

종교의 생활 방식

천국에 들어가기 위해 하나님을 섬겨야 한다는 가르침은 기독교의 가르침이 아니다. 무엇을 얻는 것이 참된 만족을 주는 것이 아니라 하나님과의 인격적인 관계만이 참 만족을 주기 때문이다. 거짓 복음은 각 사람이 지옥에 떨어지지 않도록 천국에 들어갈 수 있는 통행권을 얻어야 한다고 가르친다. 또한 어떤 사람은 들림받고 어떤 사람은 남겨질 때 자신은 들림받을 수 있도록 깨어 있어야 한다고 가르친다. 그리고 이러한 가르침이 바로 예수 그리스도의 가르침이라고 주장한다. 하지만 그들의 주장은 예수 그리스도의 교훈과 정면으로 상충된다. 심지어 성경에 담긴 하나님의 계시와 전혀 다르다.

참된 복음은 사람이 뭔가를 얻기 위해 하나님을 섬겨야 한다고 가르치지 않는다. 오직 사람은 평생 하나님과 인격적인 교제를 나눌 수 있는 곳으로 나아가야 한다고 가르친다.

우연한 사건들과 신앙 전 2:24

"사람이 먹고 마시며 수고하는 것보다 그의 마음을 더 기쁘게 하는 것은 없나니 내가 이것도 본즉 하나님의 손에서 나오는 것이로다"전 2:24.

기독교의 가장 근본적인 교훈 중 하나는 하나님의 뜻은 우연한 섭리를 통해 우리에게 이루어진다는 사실이다. 우리는 남자 또는 여자이며 여러 욕구를 가지고 이 땅에서 살아간다. 그리고 온갖 사건들이 우연하게 발생한다. 이 사실을 부정하는 것이 무슨 소용이 있겠는가?

이 땅에서 가장 변함없는 사실 중 하나는 모든 것이 변한다는 것이다. 당신의 삶과 내 삶도 우연으로 형성되어 있다. 당신의 겉옷에 몇 개의 단추가 달려 있을지 전부 예정되어 있다고 말하는 것은 어불성설이다. 당신의 겉옷에 몇 개의 단추가 있을지 미리 정해지지 않은 것처럼 미리 정해진 것은 하나도 없다.

만일 모든 사건이 미리 예정되어 있다면, 사람의 책임이라는 것은 사라지게 되며 그 의미도 사라진다. 거짓된 영성은 우리가 해야 할 의무를 제거한 채 하나님을 바라보게 만든다. 그러나 참된 영성은 하나님을 믿는 믿음 안에서 우리의 의무를 성실히 감당하도록 인도한다.

예수 그리스도는 사람이 할 수 있는 일을 돕기 위해서가 아니라 사람이 할 수 없는 일을 행하기 위해 오셨다. 모든 일은 우연히 발생한다. 하지만 우리가 하나님을 알 때, 우리는 하나님의 뜻이 우연을 통해 우리에게 임한다는 사실을 인식하게 된다. 그러므로 우리는 모든 우연한 사건 속에 하나님의 뜻이 있다는 사실을 기억해야 한다.

우리는 성공과 형통을 구해서는 안 된다. 우리는 먹고 마시는 평범한 사건 속에서 늘 하나님과 교제하는 일에 온 마음을 쏟아야 한다. 그때 우리는 모든 사건 가운데 평강을 누릴 수 있다.

인생의 주인은 누구인가? 전 2:25

"아, 먹고 즐기는 일을 누가 나보다 더 해 보았으랴"전 2:25.

먹고 마시는 문제에 대한 우리의 자세는 우리가 누구를 주인으로 모시고 있는지를 보여 준다. 당신은 당신의 절제 능력을 주인으로 모시고 있는가 아니면 하나님을 주인으로 모시고 있는가? 거짓 기독교는 결혼과 고기를 금하는 것에 목숨을 건다. 세상을 떠나 늘 변화산 위에서 사는 삶은 사람이 할 수 있는 일이 아니다. 만일 어떤 사람이 신앙이 있다고 하면서 그것을 삶 가운데 사람들에게 입증하지 못한다면 그의 신앙은 아무런 가치가 없다.

평범한 일상의 삶을 무시하는 신앙을 주의하라. 만일 당신이 평범한 사람이 아니라면 하나님의 아들이 될 수 없다.

"인자는 와서 먹고 마시매 말하기를 보라 먹기를 탐하고 포도주를 즐기는 사람이요 세리와 죄인의 친구로다 하니"마 11:19.
"예수께서 이르시되 얘들아 너희에게 고기가 있느냐"요 21:5.
"이르시되 여기 무슨 먹을 것이 있느냐 하시니 이에 구운 생선 한 토막을 드리니 받으사 그 앞에서 잡수시더라"눅 24:41-43.

일어나는 사건들 속에서 하나님을 주인으로 모시고 그분의 뜻을 분별하여 순종하는 그리스도인만이 올바른 선상에 있는 것이다. 그렇지 않은 다른 모든 길은 재앙으로 끝마치게 된다.

신비한 섭리의 중심 전 2:26

"하나님은 그가 기뻐하시는 자에게는 지혜와 지식과 희락을 주시나 죄인에게는 노고를 주시고 그가 모아 쌓게 하사 하나님을 기뻐하는 자에게 그가 주게 하시지만 이것도 헛되어 바람을 잡는 것이로다"전 2:26.

하나님의 작정하심과 하나님의 허용하시는 뜻에는 차이가 있다.

우리는 우리가 하나님을 신뢰하기만 하면 하나님께서 우리의 바람대로 모든 것을 형통하게 하실 것이라고 생각하고 말한다.

"내가 우리 아이를 위해 기도했는데 하나님께서 그 기도에 응답해주셔서 아이가 살아났습니다."

그렇다면 다른 한 아이가 죽게 된 것은 그를 위해 기도한 사람이 없어서 그러한가 아니면 그 아이를 위한 기도가 응답되지 않았기 때문인가? 아이가 살아난 것은 기도 응답이고 아이가 죽은 것은 기도 응답이 아니라고 말하는 것은 옳지 않다. 이는 예수 그리스도의 교훈을 오해한 것이다.

기도는 사람의 마음을 바꾸어 한 사건에 대한 우리의 관점을 변화시킨다. 즉, 기도의 핵심은 우리가 하나님으로부터 뭔가를 얻는 것이 아니라 기도를 통해 하나님의 허용하시는 뜻 가운데서 하나님의 뜻이 무엇인지를 분별하여 내는 것이다. 하나님의 자명한 뜻은 고통이나 질병, 사탄, 전쟁, 죄 등이 사라지는 것이다.

그러나 하나님은 이 모든 사건을 허용하신다. 이렇게 끓는 가마솥 같은 현실 가운데 우리가 처하는 것이다. 그리스도인이 해야 할 일은 자신의 심령 가운데 자리하는 하나님 나라의 뜻을 붙든 후에 외적으로 발생하는 '현실'이라는 수수께끼에 대처하는 것이다.

현실의 문제들을 다룰 때 인간의 문제는 외부의 문제가 아니라 실은 그 사람의 내면의 문제일 뿐이다. 하나님과의 인격적인 관계 외에 다른 모든 것은 중요하지 않으며 영원하지 않다. 이 사실을 발견할 때 우리 안에 있는 정욕과 교만한 자아가 제거되면서 비로소 우리는 우리에게 일어나는 문제들을 올바르게 해결할 수 있다. 자신의 마음이 치명적인 질병에 걸려 있다는 사실을 알아야만 자신의 우둔한 철학을 버리게 된다.

하나님을 경외하는 지혜가 우리를 바른 길로 인도한다는 사실을 깨달아야 한다. 솔로몬은 그 어떤 것도 인간을 바르게 인도할 수 없다고 말한다.

제 3 장

삶의 요동 가운데

전도서 3:1-15

주께서 당신을 파도치는 상황 가운데 놓으셨다.
당신은 현실을 회피하고자 하지만
현실은 당신을 놓지 않는다.
당신에게 주어진 상황은
오직 당신의 영혼을 변화시키기 위함이다.
현실을 피하지 말고 직면하라.
그 후 이 땅의 안일함을 거칠게 만드는
고난을 반갑게 맞으라.
고통은 당신으로 하여금 앉거나 서지 못하게 하고
오직 앞으로 나아가게 할 것이다!
아픔을 세 배의 즐거움으로 만들라.
긴장 상황을 가볍게 여길 수 있도록 노력하라.

> 고통을 너무 크게 보지 않고,
> 그 진통에 대해 이를 갈지 않는 법을
> 배우도록 하라.
>
> _로버트 브라우닝 Robert Browning, 1812-1889, 영국의 시인

상처를 입은 사람은 조소하는 사람이 되기 쉽다. 냉소는 곧 상처 입었다는 표시이다. 성숙한 마음은 결코 냉소적이지 않다. 솔로몬은 냉소적으로 말하고 있는 것이 아니다. 그는 실제의 삶을 다루면서 사람은 삶의 고통에서 빠져나올 수 없다고 결론짓는다. 세상 논리나 지식으로는 빠져나올 수 없다. 삶의 고통에서 빠져나올 수 있는 길은 오직 구속, 성경의 길을 따라가는 것이다.

로버트 브라우닝은 히브리 지혜의 관점에서 시를 썼다. 즉, 하나님께 대한 흔들리지 않는 믿음을 가지고 삶의 현실을 다루었다. 그는 솔로몬과 입센, 또는 셰익스피어와 마찬가지로 실제 현실의 사건들을 다루었다. 그는 인간의 삶에 대해 아무것도 감추지 않았다. 그러고는 세상만사에 대한 바른 이해는 인간의 이성이 아닌 하나님의 의로우심을 믿는 강한 믿음에서 나온다고 확신하였다. 그는 하나님의 영광을 위해 끝까지 인내하는 자가 결국 잘 될 것이라고 믿었다.

모든 일에는 때가 있다

"범사에 기한이 있고 천하 만사가 다 때가 있나니"전 3:1.

하나님의 때는 오직 성령만이 아신다. 만일 우리가 하나님의 때를 오해하여 사람이 그때를 알 수 있는 것처럼 착각한다면 우리는 바른 길에서 벗어나게 된다. 솔로몬은 하나님께서 어떤 변하지 않는 때를 정하셨지만 결코 자신의 법에 묶이지 않으신다고 말했다.

바리 경Sir Charles Barry, 1795-1860, 영국 건축가은 카릴Thomas Carlyle, 1795-1881, 스코틀랜드 출생의 19세기 영국 문학가이 지적인 논리에 의존하는 가운데 극단적인 칼빈주의자가 되어버렸다고 신랄하게 비판하였다. 우리가 하나님과의 인격적인 관계보다 신학이나 구원의 단계와 같은 어떤 교리를 더 앞세운다면 우리는 성경의 지혜에서 멀어지게 된다. 성경이 말하는 믿음은 하나님의 규칙에 대한 믿음이 아니라 만사를 주관하시는 하나님을 향한 인격적인 믿음이기 때문이다. 만일 우리가 하나님께 대한 교리적인 설명에 우리의 믿음을 둔다면 자신의 신조가 바람 가운데 흔들릴 때 믿음도 함께 흔들리게 될 것이다. 예를 들어, 욥이 고난 당할 때 그의 신조는 흔들렸다. 그러나 주 하나님을 향한 인격적인 믿음으로 그는 고난을 이겨낼 수 있었다.

우리가 지켜야 할 유일한 본분은 하나님을 '죽기까지' 확신하는 것이다.

"그런즉 내가 하나님의 제단에 나아가 나의 큰 기쁨의 하나님께 이르리이다"시 43:4.

우리의 기쁨은 발생하는 사건에 의존하게 된다. 그러나 행복한 감정이 아닌 하나님의 기쁨만이 우리를 견고하게 붙들어 준다. 즉, 하나님께서 기뻐하실 때 그 기쁨이 우리의 힘이 된다. 나의 행복이라는 '껍데기'에서 나올 때 우리는 하나님을 믿는 우리의 믿음이 의롭다는 사실을 이해할 수 있게 된다.

하나님의 분명한 책임인 때가 있다. 예를 들면, 태어날 때와 죽는 때이다. 하지만 사람은 출생과 죽음 사이의 기간 동안 자기가 원하는 것을 행할 자유가 있다. 우리의 모든 사고와 추론은 이 세상의 시간과 공간을 바탕으로 하여 진행된다. 따라서 하나님과 내세에 대해 사고할 때 우리는 당장 한계를 느낀다. 이는 전능하신 하나님은 공간과 시간에 의해 제약되지 않기 때문이다. 우리는 출생과 죽음의 경계선을 벗어난 것에 대해서는 사고 및 추론을 할 수 없다. 만일 우리가 피조계의 경계를 벗어난 것들을 알고자 한다면 오직 하나님의 계시가 주어져야 한다.

어떤 사람이 자신이 사용하는 상징적 의미를 우리에게 알리려면 그는 우리가 이미 알고 있는 개념을 사용하여 그 의미를 설명해야 한다. 사도 요한이나 에스겔 선지자는 그들이 말하고자 하는 것을 이해시키기 위해 '묵시'라는 방법을 사용하였다. 한편, 예수 그리스도는 장래 세상에 대해 말씀하실 때에 비유적인 언어를 사용하시지 않고 "너희는 마음에 근심하지 말라"고 말씀하시면서 "내가 할 일은 장래 세계와 관련되어 있다"라고 하셨다.

하나님께서 출생과 죽음이라는 경계로 가두신 인생 가운데 우리가 할 일은 그 경계에서 벗어나려고 버둥거리는 것이 아니라 현재 주어진 삶 가운데 하나님을 경외하는 경건한 삶을 사는 것이다.

출생과 죽음 사이에서 우리는 우리가 원하는 것을 행할 수 있다. 하지만 태어나기 이전 상태로 돌아가거나 죽음을 피할 수는 없다. 이 두 사건은 이 땅에 사는 모든 사람에게 정해진 것이다.

인간은 출생과 죽음에 대해 할 수 있는 것이 전혀 없다. 하지만 출생 이후부터 죽는 순간까지 우리는 우리의 기질대로 행함으로 삶의 결실을 맺을 수 있다. 인생을 고통 속에서 보낼 것인지 아니면 즐겁게 보낼 것인지는 우리 자신의 행함에 달려 있다.

"만물이 다 그로 말미암고 그를 위하여 창조되었고"골 1:16.

그렇다면 예수 그리스도께서 죄도 창조하셨을까? 죄는 창조되지 않았다. 죄는 사람이라고 불리는 피조물과 사탄이 시간의 영역 내에서 관계를 맺은 후, 사람이 자기 자신에 대한 통치권을 취함으로 비롯되었다. 즉, 우리가 우리 자신에 대한 권리를 주장하는 것이 바로 죄의 성향이다.

성경은 하나님께서 각 사람이 범한 죄악된 행위들에 대해 각자에게 책임을 물으신다는 사실을 알려 준다. 하지만 하나님은 인간이 물려받은 죄의 성향에 대해서는 개인에게 책임을 묻지 않으신다롬 6:12. 그 대신 하나님께서 죄에 대한 책임을 기꺼이 받아들이셨다. 그 증거가 바로 예수 그리스도의 십자가이다.

우리는 인생을 살면서 세상만사의 바탕에는 비참함이 자리한다는 사실을 발견하게 된다. 숙명론이란 우리의 존재는 우리가 알지 못하는 세력의 노리갯감이라는 뜻이다. 하지만 믿음은 비록 하나님이 하시는 일을 알지 못하더라도 그분의 성품을 알고 하나님을 신뢰하는 것이다.

성경은 하나님은 만물을 주관하시고 다스리시며 그분의 성품은 거룩하다고 말한다. 믿음은 하나님과의 관계 속에서 "그가 나를 죽이신다고 할지라도 나는 그분을 신뢰할 것이다"는 마음자세를 말한다.

고통의 때

전도서 3장 2절에서 8절은 평범한 인생 가운데 발생하는 여러 괴로움을 지적하고 있으며 그러한 괴로움에는 사람의 성향으로 인해 발생하는 것들이 있다.

모든 만사는 인간의 개인적인 삶과 심고 거두는 삶, 그리고 자연적인 삶과 연결되어 있다.

인격의 관리 전 3:2

"날 때가 있고 죽을 때가 있으며 심을 때가 있고 심은 것을 뽑을 때가 있으며"전 3:2.

우리의 모든 행위는 우리를 주관하는 성향과 직접적으로 연관되며 각각의 행위에는 그 사람의 성향이 담겨 있다. 또한 하루 24시간을 제대로 사용하는지 또는 낭비하는지에 따라 삶이 즐거울 수도 있고 괴로울 수도 있다.

껍질을 깨고 전 3:3

"죽일 때가 있고 치료할 때가 있으며 헐 때가 있고 세울 때가 있으며"전 3:3.

선한 의도에서 출발한 모든 예술과 치료가 오히려 상반되는 목적을 위해 쓰일 수 있다. 인생 속에서 훌륭한 성품을 만들 수 있는 모든 기회를 도리어 악한 성품을 만드는 데 사용할 수 있다.

사람은 창조주로부터 자유를 얻었다. 이는 곧 사람이 창조주께 불순종할 수 있다는 뜻이다. 만일 하나님이 애초에 불순종을 못하도록 만들어 놓으셨다면, 우리의 순종은 아무런 가치가 없을 것이다.

어떤 이들은 하나님께서 사람을 실패할 가능성이 있는 존재로 만들어 놓으셨다고 불평한다. 그러면서 그 실패의 가능성을 완전하게 배제한 채 창조하셨어야 한다고 주장한다. 하지만 만일 하나님께서 그렇게 창조하셨다면 우리는 모두 아무런 주관 없이 흐느적거리는 해파리처럼 되었을 것이다. 만일 저주받을 가능성이 없다면, 구원의 필요성도 없다.

출생과 죽음 사이에서 대부분의 사람들은 자신만의 세계, 곧 자신을 둘러싸고 있는 '껍질' 안에 있다. 그러나 우리에겐 그 껍질을 부리로 깨뜨리고 밖으로 나오려는 성향이 있다. 그렇게 껍질을 깨고 밖으로 나오게 될 때 우리를 맞이하는 건 부드럽고 밝은 새날이 아니라 번개 치는 두려운 순간들이다. 그때 우리는 질서 정연한 세계가 아니라 혼돈 가운데 울부짖는 세계를 마주하게 된다. 그리고 그 세계에 익숙해지려면 시간이 필요하다.

사람이 인생의 괴로움을 겪는 데는 각자 책임이 있다. 만일 우리가 우리의 삶을 뒤죽박죽으로 만들고 있다면, 가장 먼저 하나님과의 관계를 점검해보아야 한다.

죽음과 기쁨의 인생 전 3:4

"울 때가 있고 웃을 때가 있으며 슬퍼할 때가 있고 춤출 때가 있으며"전 3:4.

솔로몬은 동물의 속성과 사람의 속성을 대조시킨다. 동물들은 본능에 따라 살아간다. 그렇지만 사람은 그렇지 않다. 스코틀랜드의 격언 중에 "정해진 결과를 피할 수 없다"는 말이 있는데 나는 이 말에 동의하지 않는다. 그 이유는 우리에게는 선택할 능력이 항상 있기 때문이다. 물론 우리의 선택에 대한 결과를 우리가 결정할 수 있는 능력은 없다. 우리의 출생 문제를 결정할 능력 역시 우리에게는 없다. 또한 우리가 어떤 나라에서 태어날지, 어떤 가정에서 태어날지, 어떤 시대에 태어날지 등을 택할 능력도 우리에게는 없다. 하지만 그러한 환경 속에서 어떻게 살아갈지 선택할 수는 있다. 즉, 인생이 진행되는 동안에 우리가 수많은 선택을 할 수 있다는 사실을 배제할 수는 없다. 자신이 태어날 것인지 말 것인지를 선택할 수 있는 능력은 없더라도 태어난 이후로부터 죽을 때까지 주어지는 수많은 '때'를 선택할 능력이 있는 것이다.

솔로몬은 하나님께서 정하신 시간 내에서 우리가 겪는 '때'에 대해 언급한다. 그 때 또는 그 기간은 우리의 날들이며, 그 시간 동안 우리는 우리가 원하는 대로 선택하고 행하고 말할 수 있다. 우리는 보통 말은 거창하게 하지만, 실제로 행동으로 옮기는 일은 많지 않다.

자신의 성향을 어떻게 지키고 다스리느냐에 따라 우리의 가정, 삶, 건강, 사업은 슬픔의 인생도 될 수 있고 기쁨의 인생도 될 수 있다.

쾌락과 고통 - 가정과 헌신 전 3:5

"돌을 던져 버릴 때가 있고 돌을 거둘 때가 있으며 안을 때가 있고 안는 일을 멀리 할 때가 있으며"전 3:5.

솔로몬은 대단히 깊이 성찰하는 사람이었다. 그러므로 그가 말하는 것의 참 뜻을 분별해야 한다. 아가서에서 그는 계속 절제에 대해 언급한다.

"예루살렘 딸들아 내가 노루와 들사슴을 두고 너희에게 부탁한다 내 사랑이 원하기 전에는 흔들지 말고 깨우지 말지니라"아 2:7.

많은 남성들이 때가 이르기 전에 사랑에 눈을 뜨고 타락의 길로 나아가 지옥의 열매를 거둔다. '그 때'는 내가 정할 수 있다. 하지만 하나님의 '때'를 무시하고 사랑을 일깨우면 천국의 삶을 살 수 있는 기회를 지옥의 삶과 바꾸게 된다.

진정한 가치를 얻기 위해 전 3:6

"찾을 때가 있고 잃을 때가 있으며 지킬 때가 있고 버릴 때가 있으며"전 3:6.

살다 보면 무한한 가치를 얻기 위해 다른 모든 소유를 버려야 할 때가 찾아온다.

"내가 너에게 네 생명을 노략물 주듯 하리라 여호와의 말씀이니라"렘 45:5.

당신은 아무것도 갖지 못하지만 영생을 잃지 않고 얻게 된다. 사람에게는 자신의 생명을 구원하기 위해 모든 것을 잃어야 하는 때가 있는 것이다막 8:35.

말할 때와 조용할 때 전 3:7

"찢을 때가 있고 꿰맬 때가 있으며 잠잠할 때가 있고 말할 때가 있으며"전 3:7.

어떤 때는 두려움에 사로잡혀 말을 하는 때가 있고, 또 어떤 때는 두려움 때문에 말을 하지 않는 때가 있다. 성경에서 어떤 사람의 성품을 시험하는 가장 큰 시험은 혀이다약 1:26. 우리 주 예수 그리스도의 혀는 온전한 역할을 하였다. 그 이유는 주께서는 결코 자신의 권리 주장을 위해 말씀하지 않으셨기 때문이다.

하나님의 지혜의 성육신이신 주 예수님은 이렇게 말씀하셨다.

"내가 내 자의로 말한 것이 아니요 나를 보내신 아버지께서 내가 말할 것과 이를 것을 친히 명령하여 주셨으니"요 12:49.

즉, 자신에 대한 권리를 주장하는 성향에서 말씀하시지 않고 하늘 아버지와의 관계로부터 말씀하셨다는 것이다. 우리는 너무 성급하거나 때로 너무 느리다. 전혀 말을 하지 않으려고 하거나 너무 말을 많이 한다. 또는 종종 나쁜 감정으로 거친 말을 한다.

우리가 말하는 이유는 자신을 변론하고자 하는 욕구 때문이다.

"너희에게 본을 끼쳐 그 자취를 따라오게 하려 하셨느니라 그는 죄를 범하지 아니하시고 그 입에 거짓도 없으시며"벧전 2:21-22.

거짓 안에는 언제나 자신을 변호하려는 요소가 담겨 있다. 즉, 과장되거나 거짓된 말로 자신을 변론함으로써 상대의 생각을 바꾸려고 시도하는 것이다. 예수 그리스도 안에서 발견할 수 없는 마음 자세이다. 위대한 구원을 경험할 때 우리는 말할 때와 침묵할 때가 언제인지 배우게 된다.

받아들여진 사랑과 거부된 사랑 전 3:8

"사랑할 때가 있고 미워할 때가 있으며 전쟁할 때가 있고 평화할 때가 있느니라"전 3:8.

여성이든 남성이든 인간으로서 가장 견디기 힘든 때는 사랑이 받아들여지지 않는 때이다. 그러나 인간들은 하나님의 사랑을 받아들이지 않는다. 대부분의 사람들에게 하나님의 사랑은 별 의미가 없다. 예수 그리스도께서 하나님의 사랑을 나타내기 위해 죽으셨든 부활하셨든, 아니 어떤 일을 하시든 관심이 없다. 하나님은 우리에게 자신의 사랑을 확증하셨다롬 5:8. 우리는 보통 절망에 이르거나 괴로움을 당할 때, 혹은 삶의 저주를 맛볼 때처럼 인간의 안일한 지식으로는 전혀 해결할 수 없는 문제 앞에서 하나님의 사랑을 인식하게 된다.

사랑할 때, 미워할 때, 전쟁할 때, 평화할 때 등은 하나님의 때가 아니라 우리가 시간 속에서 겪는 때를 말한다. 예를 들어, 전쟁을 사탄이 일으켰느니 하나님께서 일으켰느니를 따지는 것은 쓸모없는 논쟁이다. 전쟁은 의지의 충돌일 뿐, 법이나 철학으로 해결할 수 있는 문제가 아니다. 만일 당신의 것을 내가 취하고자 할 때 당신은 얼굴을 붉히며 말할 것이다. 그리고 결국 내가 당신을 치든 당신이 나를 치든 할 것이다. 당신이 가장 소중하게 여기는 것을 누군가가 취하고자 하면 그때는 아무도 중재할 수 없다. 출생과 죽음 사이에서 인간들 간에 의지적인 충돌은 피할 수 없다. 오직 인간들이 하나님과 올바른 관계를 맺어 하나님의 아들의 성향, 즉 거룩한 생명을 받기 전에는 인간들의 싸움과 전쟁은 멈추지 않을 것이다.

전도서는 유한한 시간 속에 살아가는 인생에 대해 한 문장씩 요약하고 있다. 사람이 인생을 사는 동안 하나님과 관계를 온전히 맺지 못하면 그는 자기 자신을 괴롭게 하고 자신과 관련한 자들에게도 괴로움을 유산으로 남길 것이다. 하지만 하나님과 참된 인격적인 교제를 쌓은 자들은 삶이 끝나는 날 죽음의 괴로움이 아니라 생명의 기쁨을 거둘 것이다.

정해진 절망

"일하는 자가 그의 수고로 말미암아 무슨 이익이 있으랴 하나님이 인생들에게 노고를 주사 애쓰게 하신 것을 내가 보았노라"전 3:9-10.

"정직은 최고의 정책이다"라는 격언이 있다. 하지만 당신이 정책을 '위해' 정직하려는 순간, 이미 그 정직은 순수성을 잃는다. "형통한 삶을 위해 착한 사람이 되라", "하나님과 올바른 관계를 맺으면 구원받는다" 등의 슬로건은 핵심에서 벗어난 내용들이다.

사람에게 겁을 주어 하나님을 믿게 만드는 것은 결코 하나님의 방법이 아니다. 인간의 편의에서 나온 시도이다. 회중에게 공포심을 유발해 어떤 내용을 믿게 할 수도 있다. 그러나 그러한 방법은 결코 하나님의 방법이 아니라 인간의 방법이다. 만약 사람들을 회심시키는데 실패하면 지옥 불에 대해 설교하면서 공포를 자아낼 수 있다. 회중을 압도할 수만 있다면 무엇을 선포하든 별 상관이 없는 것이다. 이를 하나님의 방법이라고 부른다면 그것은 하나님의 성품을 심각하게 곡해하는 것이다.

예수 그리스도를 통해 우리는 하나님의 일하시는 방법을 잘 알 수 있다. 즉, 예수님은 한 번도 사람들을 공포에 몰아넣으신 적이 없었다. 예수님은 천국의 비밀을 계시하시면서 "너희가 어떻게 지옥의 판결을 피하겠느냐"마 23:33라고 말씀하실 뿐이었다.

하나님과 바른 관계를 맺지 못한 모든 인간에게는 그들이 행하는 모든 일 저변에 절망이 놓여 있다. 그들은 하나님과의 바른 관계가 아니라 자신의 이성을 삶의 토대로 삼는다. 솔로몬은 이 모든 문제를 한마디로 요약한다. 즉, 사람이 하나님께 확신을 두고 주님과 바른 관계를 맺고 있지 않으면 그가 행하는 모든 일은 반드시 절망으로 마치게 될 것이라고.

신성을 분별함

세상만사에서 우리는 하나님의 명철과 지혜를 발견한다.

합리적인 삶 전 3:11-13

"하나님이 모든 것을 지으시되 때를 따라 아름답게 하셨고 또 사람들에게는 영원을 사모하는 마음을 주셨느니라 그러나 하나님이 하시는 일의 시종을 사람으로 측량할 수 없게 하셨도다 사람들이 사는 동안에 기뻐하며 선을 행하는 것보다 더 나은 것이 없는 줄을 내가 알았고 사람마다 먹고 마시는 것과 수고함으로 낙을 누리는 그것이 하나님의 선물인 줄도 또한 알았도다"전 3:11-13.

사람은 이 세상에 사는 동안 하나님의 경륜을 다 알 수 없다. 우리는 전능하신 하나님을 자신의 생각의 감옥에 가두고 판단하기 시작한다.

"하나님! 왜 저를 이렇게 만드셨습니까? 저는 누구입니까?"

이런 식으로 실컷 따지고 불평해도 하나님과의 관계는 여전히 애

매모호하다. 그 후 우리는 온갖 종류의 지혜를 추구해보지만 여전히 우리는 삶의 방향을 찾지 못한다. 히브리 지혜만이 우리가 삶에서 맺어야 할 가장 근본적인 관계가 하나님과의 인격적인 연합임을 알려주기 때문이다. 그 자리에 이를 때까지 우리는 잘못된 길을 걷게 될 것이다.

"하나님이 모든 것을 지으시되 때를 따라 아름답게 하셨고"전 3:11.

하나님께서 그분의 때에 당신의 삶과 나의 삶에 찾아오시면 모든 것이 다시 아름답게 된다. 합리주의자들은 인간이 할 수 있는 유일한 일은 합리적인 삶을 사는 것이라고 말한다. 합리적인 삶과 철학적으로 이성적인 삶은 서로 철저하게 다르다. 예수 그리스도께서는 하나님을 믿는 믿음을 바탕으로 합리적인 삶을 살라고 가르치셨다. 즉, 하나님과의 관계 외에 아무것도 염려하지 않도록 주의하라고 하셨다.

내일 일 때문에 오늘 근심하지 말라고, 오늘 보이지 않는 내일 일은 내일로 두고 오늘은 하나님의 경륜을 신뢰하라고 하셨다. 어제는 이미 과거이며, 우리에게 다시 과거로 돌아갈 방법은 없다. 또한 내일은 아직 오지 않았다. 그러므로 '지금'오늘을 살라. 그러면 당신의 삶은 어린아이처럼 내일을 걱정하지 않는 삶을 살 것이다.

하나님께서 우리의 삶에 찾아오시면 모든 것을 아름답게 재창조하신다. 우리는 '사춘기' 때에 삶의 고뇌를 깨닫기 시작하면서 사물의 아름다움에 대한 감각을 잃는다. 하지만 그 고뇌를 지날 때 하나님과 인격적인 교제를 맺으면 하나님께서는 모든 것을 아름답게 하신다. 즉, 하나님과 바른 관계를 맺을 때 하나님께서 우리 삶 가운데 어떻게 역사하시는지를 발견하기 시작한다. 하나님께서 우리의 삶에 찾아오시는 바로 그때 우리는 하나님의 성품을 구체적으로 체험하기 시작한다.

"영생은 곧 유일하신 참 하나님과 그가 보내신 자 예수 그리스도를 아는 것이니이다"요 17:3.

소생 전 3:14-15

"하나님께서 행하시는 모든 것은 영원히 있을 것이라 그 위에 더할 수도 없고 그것에서 덜 할 수도 없나니 하나님이 이같이 행하심은 사람들이 그의 앞에서 경외하게 하려 하심인 줄을 내가 알았도다 이제 있는 것이 옛적에 있었고 장래에 있을 것도 옛적에 있었나니 하나님은 이미 지난 것을 다시 찾으시느니라"전 3:14-15.

하나님 아들의 성육신하신 능력에 의해 하나님은 점점 더 만물의 모든 관계를 새롭게 하신다. 즉, 모든 것을 이끌어 자신과 하나가 되게 하신다. 이것이 바로 구속의 의미이다. 구속은 하나님께서 그가 하실 일을 이루셨음을 의미한다.

죄는 인간이 저질러 놓은 일이다. 하나님의 계획과 뜻은 바뀌지 않는다. 반면, 인간은 인생을 사는 동안 자기 나름대로의 방법과 계획으로 하나님의 뜻을 성취할 수 있다고 착각하며 하나님의 뜻에 대항한다. 이때 하나님은 한없이 인내하신다. 그러면서 주님은 계속 반복하여 말씀하신다.

"내 아들아, 그 길이 아니다. 이 길이 너를 위한 길이다. 나와 인격적인 관계를 갖자."

그러나 우리는 고집을 부린다.

"자주 책망을 받으면서도 목이 곧은 사람은 갑자기 패망을 당하고 피하지 못하리라"잠 29:1.

하나님은 우리가 우리 스스로 목을 부러뜨리는 것을 막지 않으신다. 만일 하나님께서 우리가 완고하게 우리의 방식대로 나아가기로 결심한 것을 보시면 그냥 내버려 두실 것이다. 왜냐하면 오히려 우리의 목이 부러질 때 우리를 일으키셔서 원하시는 곳으로 쉽게 이끄실 수 있기 때문이다.

"하나님께서 구하시는 제사는 상한 심령이라"시 51:17.

우리의 심령이 상하게 될 때, 비로소 이기적인 관계의 껍질이 인격적인 관계로 녹게 된다. 그때 우리는 하나님께서 모든 것을 소생시키시는 것을 발견하게 된다. 즉, 하나님께서 우리의 모든 것을 제 위치에 두시는 것이다.

"감추인 것이 드러나지 않을 것이 없고 숨긴 것이 알려지지 않을 것이 없나니" 눅 12:2.

사람은 인생 가운데서 반드시 진리와 빛과 자유와 기쁨과 가장 고귀한 순간이 있는 지점을 지나게 된다. 예수 그리스도께서는 사람이 인내를 가지고 온 마음을 다해 하나님과 동행하면 현재 불투명한 것들이 어느 지점에서 분명해지는 때가 있게 될 것이라고 말씀하셨다.

지금 '인내'하며 견디고 있는가? 만일 그렇다면 반드시 모든 것이 다시 새롭고 아름다워지는 것을 보게 될 것이며, 모든 상황 가운데 하나님을 인정하며 감사하게 될 것이다.

예수 그리스도는 의도적으로 '길고 험한 길'을 택하셨다. 우리는 '짧은 지름길'을 택하면서 계속 그릇된 길로 달려가다가 험한 길을 만날 때 비로소 시편 23편의 의미를 발견하게 된다.

"여호와는 나의 목자시니, 그가 나를 '바른 길'로 이끄시도다."

주님께서 이끄시는 길은 푸른 초장과 쉴 만한 물가와는 거리가 먼 것처럼 보여도 어느새 그 길 전체가 한 방향을 향하고 있음을 발견하기 시작한다. 즉, 하나님과의 인격적인 교제가 보이기 시작하는 것이다. 그리고 그것이 바로 인생의 참 의미라는 것을 발견하게 된다. 성경은 하나님과의 인격적인 관계가 올바르면 물질세계에서의 삶도 온전할 것이라고 선포한다. 즉, '새 하늘과 새 땅'을 맞게 될 것이다.

사회주의자들과 무신론자들, 그리고 망상가들과 그리스도인들이 꿈꾸는 유토피아는 전부 같다. 온 인류가 하나가 되는 소망을 가진 점에서는 차이가 없다. 완벽한 공의와 평등의 사회, 그리고 완벽한 조화를 꿈꾸는 것도 같다. 하지만 그러한 유토피아를 어떻게 이룰 것인가? 이 부분에서 인간은 모두 곤경에 처한다. 그럼에도 하늘 아래 그 어떤 나라도 구속을 바탕으로 한 그리스도의 방법에 의해 유토피아가 이루어질 것을 믿지 않는다. 사람들은 아직 시도해 보지 않은 어떤 새로운 사회주의에 의해 유토피아가 이루어질 것이라고 기대한다.

인류는 이러한 일들을 늘 시도해왔으며 또다시 다른 시도를 할 것이다. 인류는 계속해서 유토피아의 비전을 이루고자 색다른 시도를 할 것이다. 하지만 인류의 비전이 거의 이루어질 것처럼 보이는 바로 그 지점에서 또다시 엄청난 실패를 경험한다.

그리스도는 역사적으로 어느 민족에서 나오셨는가? 유대인이라고 불리는 이스라엘 민족으로부터 나오셨다. 볼테르 같은 이방인들의 신성모독적인 발언은 사실 아무것도 아니다. 이방인은 유대인들이 아는 방식으로 하나님을 알지 못하기 때문에 신성모독을 할 수밖에 없기 때문이다. 하지만 예수 그리스도를 낳은 그 민족이 또한 가룟 유다를 낳았다. 그리고 그리스도를 낳은 민족이 적그리스도를 낳을 것이다. 이 사실을 확증할 수 있는 때가 점점 다가오고 있다. 그러나 인류는 마음 문을 열고 성경의 계시를 취하는 대신 스스로 우물 안에 갇혀 고립되어 있다. 그리고 그 상태에서 잘못된 방향을 주시하며 무언가 어마어마한 대사건을 기대한다.

하나님과 긴밀한 관계에 거하라. 그러면 당신은 온전한 것이 오는 그곳에서 '적대자'가 오는 것을 바로 알게 될 것이다.

제 4 장

삶의 낙심 가운데

전도서 3:16-22

용사의 영광, 웅변가의 영광, 노래의 영광은
끝없는 망망대해에서 길 잃은 영혼에게 그 소리가 전달될 때
비로소 의미가 있다네.
그릇된 것을 바로잡기 위한 투쟁의 덕행은 영광스러운 것이지만
만일 영광을 목적으로 하거나 영광을 사랑하여 싸웠다면
그 덕행은 거짓이라오.
덕은 멈추지 않고 나아가며 언제나 변함없이 덕 그 자체라.
죄의 삯은 사망이라.
만일 덕행의 삶이 단지 이 세상의 먼지를 위한 것이라면
덕행이 세상의 더러운 벌레와 파리 같은 것을 위해
끝까지 버티려 하겠는가?
덕행은 에덴의 섬을 원하지 않으며

> 금으로 가득한 동산에서 쉬는 것을 원치 않고
> 나아가 의로운 보좌에 앉아
> 여름 하늘 아래 휴가를 보내는 것을 원치 않는다네.
> 덕의 삯은 또 다른 덕을 쉬지 않고 만드는 것이요,
> 사라지지 않는 것이 그 삯이라.
> _알프레드 테니슨 Alfred Tennyson, 1809-1892, 영국의 시인

이탈리아의 통일과 독립을 꾀하는 애국자이자 혁명가인 마치니 Mazzini, 1805-1872는 "낙심은 환상에서 깨어난 이기주의이다"라고 말했다. 즉, 자아에 대한 사랑의 마음이 무너진 것이 낙심이다. 우리가 어느 길로 가며 원하는 것이 있었는데, 그것을 갖지 못하면서 모든 것을 포기하는 것이 낙심이다.

실현된 야망의 부패

"또 내가 해 아래에서 보건대 재판하는 곳 거기에도 악이 있고 정의를 행하는 곳 거기에도 악이 있도다"전 3:16.

역사를 살펴보면 우리는 종종 어떤 사람이 그의 야망을 실현한

후에 정도에서 벗어나 크게 타락하는 것을 발견하게 된다. 성경이 확증한 바에 의하면 인간의 삶은 하나님의 손에 달려 있지 사람의 이성에 달려 있지 않다. 또한 사람이 도덕적이든, 지적이든, 영적이든, 영광을 얻는 높은 지위에 오르게 되면 그는 더욱 하나님을 닮든지 아니면 사탄을 닮게 된다. 물론 어떤 사람이 높은 지위에 오르는 것은 우연한 사건이 아니라 하나님의 정하심에 의한 것이다.

어떤 사람이 높은 곳에 올라 자신의 야망이 성취된 것을 보며 만족하고 있다면 그는 대단히 겸손한 사람이 되든지 그렇지 않으면 악으로 가득한 사탄 같은 자가 될 수밖에 없다.

솔로몬은 어떤 사람이 자신의 야망을 실현한 후에 그 성공으로 인하여 부패하여 폭군이 될 수 있다는 사실을 지적한다. 하나님을 경외하는 왕과 통치자가 아니면 그들은 가장 험악한 명령을 내리는 폭군이 될 수 있다.

성경에서 나타나는 가장 혁신적인 진리 중에 하나는 다른 사람으로부터 공평을 바라는 자는 어리석은 자라는 사실이다. 어떤 사람이 도덕적이고 영적인 면에서 친구로부터 불공평한 대우를 받고 있다고 의식할 경우 그는 더 이상 그 친구에게 좋은 친구로 남을 수 없을 것이다. 당신의 인생을 자신을 위한 공평을 구하는 일에 헛되게 사용하지 말라. 만일 다른 사람들에게 당신 자신을 위한 공평을 구하면, 당신은 어느새 감정의 감옥에 갇혀 자기 연민에 빠지게 될 것이다. 우리가 신경 쓸 일은 우리의 불공평한 행위에 의해 다른 사람들이 고통에 빠지는 일이 없도록 하는 것이다.

자신의 야망을 이룬 후에 만족하는 자들은 갑자기 비참한 폭군으로 변해 그의 모든 기쁨을 잃을 수 있다. 예수께서 말씀하셨다.

"내가 이것을 너희에게 이름은 내 기쁨이 너희 안에 있어 너희 기쁨을 충만하게 하려 함이라"요 15:11.

예수님은 어떤 기쁨을 갖고 계셨는가? 주님께서는 인간들이 볼 때 완벽하게 실패하셨다. 이에 주님의 모든 제자가 주를 버리고 떠났으며, 주님은 십자가에 못 박히셨다. 하지만 주님은 자신의 기쁨에 대해 말씀하셨다. 우리 주님의 기쁨은 아버지께서 그를 보내시면서 맡기신 사명을 완수하는 데 있었다. 예수님의 목적은 세상에서의 형통에 있지 않고 아버지께서 맡기신 일을 성취하는 데 있었다.

"내가 하늘에서 내려온 것은 내 뜻을 행하려 함이 아니요 나를 보내신 이의 뜻을 행하려 함이니라"요 6:38.

사람이 지음을 받은 실제 목적은 무엇인가? 솔로몬은 인생에서 경험할 수 있는 모든 영역을 다루고 있다. 즉, 그는 형이상학, 철학, 종교, 사업의 형통, 도덕적인 뛰어남 등을 추측으로 다룬 것이 아니라 실제 경험을 통해 정통하였으며, 그런 그의 지혜는 모든 사람 가운데 가장 뛰어났다. 그런데 그의 최종 판단은 모든 것이 비참으로 마친다는 사실이다. 이것이 바로 '사람의 첫째 목적은 하나님을 영화롭게 하며, 그분을 영원토록 즐거워하는 것'임을 모르는 자들에게 궁극적으로 맞이할 최후인 것이다. 그럼에도 사람들은 오랜 세월이 지나도 인간의 첫째 되는 목적을 깨닫지 못한다. 하나님을 영화롭게 하며 그분을 영원토록 즐거워하는 삶을 알지 못하는 모든 인생은 반드시 비참으로 마치게 될 것이다.

의로운 권위의 승리

"내가 내 마음속으로 이르기를 의인과 악인을 하나님이 심판하시리니 이는 모든 소망하는 일과 모든 행사에 때가 있음이라 하였으며"전 3:17.

"의인과 악인을 하나님이 심판하시리라"고 성경은 말한다. 하지만 하나님은 누구신가? 나는 하나님을 본 적이 없으며 직접 대화를 나눈 적도 없다. 전지하고 전능하며 무소부재하신 존재는 우리의 인식에 별로 다가오지 않는다. 그분은 단지 인간의 이성으로 찾아낸 어떤 개념일 뿐일까? 하나님은 사람처럼 손과 발이 있어서 일을 하실 수 있는 것일까? 우리가 사는 이 땅에 친히 나타나실 수 있는 것일까? 성경은 바로 하나님께서 하신 일이 그 일이라고 말한다. 예수 그리스도는 이 땅에서 사람의 삶을 사셨다. 하지만 그분은 우리가 가지고 있는 성향과는 다른 성향을 보여 주셨다. 누구든지 자신을 속이지 않는 정직한 사람이라면 스스로 예수 그리스도께서 지니신 성향과는 자신이 다른 성향을 가지고 있다는 사실을 잘 안다. 우리는 산상수훈을 통해 하나님께서 무한하게 순결한 마음을 요구하신다는 사실을 알게 된다. 예수 그리스도께서 드러내신 것은 하나님의 전능하심이나 전지하심, 무소부재하심 등이 아니었다. 예수님은 인간의 몸으로 완벽한 거룩을 보여 주셨다. 주께서는 "나를 본 자는 아버지를 보았거늘"요 14:9이라고 말씀하셨다.

예수 그리스도는 심판자이시다.

"아버지께서 아무도 심판하지 아니하시고 심판을 다 아들에게 맡기셨으니"요 5:22.

예수 그리스도는 우리가 사는 이 땅에 태어나셔서 죽는 그날까지 흠 없는 거룩한 삶을 사셨다. 그분은 자신의 성향을 우리에게 넣어줄 수 있다고 말씀하셨고, "나는 처음과 나중이라"고 말씀하셨다. 또한 하나님은 그분에게 모든 심판의 권한을 넘기셨다. 특히 그분은 우리를 위해 구속의 대가를 치르신 분이다. 그분께 우리의 삶을 심판하도록 의탁한다면 우리가 근심에 빠지겠는가? 그럴 수 없다. 당신은 그리스도 예수의 약속과 명예를 믿고 모든 것을 그분께 의탁할 준비가 되어 있는가?

우리는 우리 자신의 기준으로, 또는 어떤 사람의 기준으로 다른 사람들을 판단할 수 없다. 또한 다른 사람들의 인생 속에는 우리가 알지 못하는 사실들이 반드시 있기 마련이다. 따라서 자신이 만든 틀로 다른 사람들을 판단하여 그들이 어떤 유형의 사람이라고 결론짓는 것은 옳지 않다. 우리는 다른 사람들의 유전적인 유일한 특징을 결코 균일하게 할 수 없다.

솔로몬은 하나님의 판단은 옳고 진실하다고 말한다. 이에 사람들은 하나님의 판단은 의롭다는 사실을 믿고 안심할 수 있다. 우리에게는 지금 당장 대답할 수 없는 일들이 있다는 사실을 인정하고 어떤 사건들에 대한 판단을 보류하는 것은 대단히 중요하다. 당신이 이해할 수 없는 일이라고 하여 아무런 의미가 없다고 말하지 말라. 삶에는 어둡고 신비하고 혼란스러운 사건들이 발생하기 마련이지만 그 모든 사건의 배후에는 의롭고 강력한 권위가 있기 때문이다. 그러므로 불의한 일들을 볼지라도 지나치게 염려할 필요가 없다. 하나님의 심판을 알게 될 때, 우리는 완벽하게 만족할 수밖에 없으며, 아무런 말을 하지 못한 채 입을 가릴 것이다.

"주께서 말씀하실 때에 의로우시다 하고 주께서 심판하실 때에 순전하시다 하리이다"시 51:4.

한편, 하나님은 우리가 그분을 만나 뵐 때 그분의 성품이 어떠한지를 분명하게 보여 주신다. 즉, 하나님은 "모든 눈물을 그 눈에서 닦아 주신다"계 21:4. 그때는 문제도, 슬픔도, 고통과 괴로움도 다 사라질 것이다. 물론 지금 우리에게는 말로 다할 수 없는 고통이 있다. 끔찍한 불의와 죄악들, 악한 일들과 선량한 자들의 죽음 등 모든 것이 혼란 가운데 있다. 하지만 언젠가 이 모든 사건이 놀라울 정도로 분명하게 설명될 것이다. 만일 하나님은 진실하시며 사랑이시며 의롭다는 사실을 끝까지 믿는다면 언젠가 우리는 주께서 행하시는 모든 심판을 바라보면서 마침내 영원토록 만족하게 될 것이다.

솔로몬은 그리스도께서 성육신하시기 이전의 관점에서 말하고 있다. 사람들은 육체에서 벗어나 하나님의 심판을 대하면서 하나님께서 허용하신 사건들이 완벽하게 옳았다고 고백하게 될 것이다.

우리 중에 지금 당장 이 땅에서 하나님의 성품이 분명하게 보인다고 말할 수 있는 자가 있는가? 자신의 믿음이 교리에 의해 제한받지 않도록 주의하라. 욥의 체험은, 하나님을 향한 믿음은 교리를 초월해야 한다는 사실을 입증한다. 우리는 때때로 교리에서 벗어날 수 있어야 한다. 도덕적으로 볼 때 신의 자격이 되지 않는 '거짓 신'을 믿는 것보다 차라리 무신론자가 되는 것이 낫다.

죽음을 피할 수는 없다

"내가 내 마음속으로 이르기를 인생들의 일에 대하여 하나님이 그들을 시험하시리니 그들이 자기가 짐승과 다름이 없는 줄을 깨닫게 하려 하심이라 하였노라 인생이 당하는 일을 짐승도 당하나니 그들이 당하는 일이 일반이라 다 동일한 호흡이 있어서 짐승이 죽음 같이 사람도 죽으니 사람이 짐승보다 뛰어남이 없음은 모든 것이 헛됨이로다 다 흙으로 말미암았으므로 다 흙으로 돌아가나니 다 한 곳으로 가거니와 인생들의 혼은 위로 올라가고 짐승의 혼은 아래 곧 땅으로 내려가는 줄을 누가 알랴"전 3:18-21.

사람이 뜻하기만 하면 죽을 필요가 없다고 주장하는 철학이 있다. 하지만 죽지 않겠다는 의지를 갖더라도 사람은 죽음을 피할 수 없다! 즉, 인간의 의지에는 그 의지를 이루는 데 있어서 제약이 있다. 자신이 뜻하는 바를 다 이룰 수 있는 사람은 없다. 솔로몬은 말하길 사람은 살아 있는 동안 자신이 원하는 행동을 할 수는 있어도 짐승과 마찬가지로 반드시 죽게 된다고 한다. 즉, 그는 인간의 실제 삶을 다루면서 우리 모두가 죽는다는 사실을 분명하게 하고 있다. 비록 사람의 영혼은 파괴될 수 없지만 우리가 기대고 있는 이 세상의 삶은 자연스럽게 끝난다는 사실을 기억할 때 우리는 인간의 제약을 느끼며 비참을 맛보게 된다. 우리는 이 땅에 사는 동안 수고도 하고 즐거움과 만족도 느끼지만 어느새 모든 것이 다 사라질 것이다. 짐승이 죽으면 그 몸은 썩어 사라지고, 그 영혼 역시 땅속 자연에 묻힌다. 하지만 사람의 영혼은 그 영혼을 창조하신 하나님께로 돌아간다. 그러나 그 영혼이 하나님께 흡수되는 것은 결코 아니다.

기독교의 본질은 어떤 교리를 고수하고 붙드는 것이 아니라 예수 그리스도를 통해 하나님과 인격적인 관계를 맺는 것이다. 예수 그리스도는 그의 인생 전체를 통해 하늘 아버지의 뜻을 이루셨다. 우리에게 온전한 영향을 주는 자들은 사람들에게 영향을 주겠다고 작정하고 행동하는 자들이 아니라 하나님과 참된 교제를 누리는 자들이다. 그들은 자신들이 쓰임을 받고 있는지조차 모르는 가운데 언제나 지속적으로 주변 사람들에게 하나님의 은혜와 사랑을 끼친다.

오늘 해야 할 일

"그러므로 나는 사람이 자기 일에 즐거워하는 것보다 더 나은 것이 없음을 보았나니 이는 그것이 그의 몫이기 때문이라 아, 그의 뒤에 일어날 일이 무엇인지를 보게 하려고 그를 도로 데리고 올 자가 누구이랴"전 3:22.

세상만사는 이성적으로 이해되지 않는다. 이성은 사실들을 이해할 수 있도록 돕는 도구이다. 하지만 이성이 세상만사를 설명할 수는 없다. 이성과 논리와 지성은 출생과 죽음 사이의 시간을 설명할 수 있다. 그러나 출생과 죽음을 넘어서는 부분들에 대해서는 아무런 설명을 할 수 없다. 그러한 영역들에 대해 사람들은 추론을 하지만 그것은 단지 사색에 지나지 않는다. 추론은 흥미로울 수는 있어도 사실 그 자체에 대해 더욱 무지하게 만드는 경향이 있다.

솔로몬은 현실의 삶을 그대로 표현하고 있다. 그는 인생은 안타까울 정도로 혼란 가운데 있다고 말한다. 솔로몬은 어떤 사람이 자신이 이루어 놓은 것을 다음 사람에게 양도하면 그 사람은 편안하게 될 것이라고 주장하는 철학적인 논리를 되짚는다. 사람이 죄를 지을 때, 수고할 때, 심지어 남을 위해 희생할 때, 참으로 참된 기쁨을 발견하는가? 이것이 솔로몬의 질문이다. 그리고 그 대답은 그렇지 않다는 것이다.

우리는 다음 세대의 사람들을 위해 토대를 마련해줄 수 있다. 하지만 그 뒤 어떻게 되는지 세상을 떠난 우리가 알 수 있을까?

"아, 그의 뒤에 일어날 일이 무엇인지를 보게 하려고 그를 도로 데리고 올 자가 누구이랴"

다른 사람을 위해 희생하는 삶은 듣기에는 옳아 보여도 참으로 그 삶이 우리에게 즐거움을 주는가? 만일 그 희생이 악인에게 도움을 준다면 어떻게 되는 것인가?

참된 즐거움은 우리의 행함에 있지 않고 하나님과의 인격적인 관계에 있다. 만일 어떤 사람이 하나님과 진실한 관계를 맺고 있다면, 이 땅에서 그의 삶은 즐거움의 선상에 있을 것이다. 만일 우리가 일에서 즐거움을 찾고자 한다면, 그것이 착한 일이든 악한 일이든 우리는 참 기쁨을 찾을 수 있는 궤도에서 벗어나는 것이다. 우리에게 가장 중요한 한 가지는 하나님과의 인격적인 관계이다.

그렇다면 우리는 평범한 일상 가운데 무엇을 해야 하는가? 이는 다음 세대에 오는 자들을 위해 어떤 수고를 해야 하는가의 질문이 아니라 우리의 인생 속에서 무엇을 해야 하는가의 질문이다. 우리 주님의 교훈에 의하면, 사람은 자신의 삶을 하나님과의 관계 위에 두고 어린아이와 같은 단순하고 신나는 마음을 가지며 살아야 한다. 만일 산상수훈을 개인과 국가에 적용하려고 한다면, 그동안 우리가 주님의 가르침을 얼마나 무시해왔는지를 발견하게 될 것이다. 기독교가 본질을 말하면 사람들은 무시한다. 그러나 다른 부수적인 교훈들을 말하면 가치가 있다고 여기고 서로 전한다. 많은 사람들이 지금껏 주님의 교훈을 시도해본 후 너무 어렵다고 방치하는 것을 반복해왔다. 그러나 그 교훈을 귀하게 여기고 끝까지 시도한 자들은 결국 실패하지 않았다.

인간의 문명은 살인에 바탕을 두고 있다. 그 이유는 첫 번째 문명이 가인에 의해 세워졌기 때문이다. 문명화된 삶은 거대하고 복잡하지만 살인과 관련한 시스템을 멋지게 변장한 것일 뿐이다. 이 말은 문명의 의로움이나 불의를 말하는 것이 아니다. 성경은 '거룩한 성'을 말하며 '새 땅'을 말한다. 그러면서 '거룩한 성'과 '새 땅'은 자신의 모든 관계를 하나님께 맡기고 아무것도 염려하지 않으며 사는 사람들에게 주어질 것이라고 말한다.

우리가 히브리 지혜를 공부하면 우리는 하나님으로부터 얼마나 멀리 떠나 있는지, 그리고 얼마나 하나님을 신뢰하지 않는지 깨닫게 된다. 오늘날 강력한 세력을 지닌 미생물학은 하나님을 하늘 보좌에서 지워버렸다. 오늘날 인류를 큰 재앙에 빠뜨린 화학 무기와 핵전쟁 속에서 인간이 할 수 있는 것은 방독 마스크를 쓰고 모든 일이 우연하게 안정되기를 바라는 수밖에 없다. 하지만 히브리 지혜에 따르면 우리가 해야 할 일은 하나님을 의지하는 것이다. 그리고 이런 상황에서도 아무것도 염려하지 않고 오직 우리의 본분을 다하는 것이다.

상황에 대해 걱정과 의심이 생기면 용기를 내라. 옳고 그름에 있어 의심이 찾아 든다면 멈추라. 영적으로 의심이 오면 기도하라. 개인의 삶에 의심이 생기면 더욱 하나님과 동행하는 삶을 살라. 모든 것을 하나님께 맡기라. 그리고 천천히 그러나 분명하게 하나님과 특별한 인격적인 교제를 나누면서 그분의 지시를 받도록 하라. 그 뒤 그 지시대로 현실의 삶을 살기 시작하라.

제 5 장
삶의 억압 가운데
전도서 4장

왜 그들은 평화의 복에 대해 주절거리는가?

인간들은 평화의 복을 발로 차고 저주하였다.

소매치기와 남의 것을 탐하는 자들,

가인의 심보를 가지고 남의 것을 탈취하려는 자들,

전쟁 중에 더 따뜻한 자리를 차지하려고 분투하는 마음은

과연 가인의 마음보다 더 나을까 아니면 더 악할까?

조만간 나 역시 어쩔 수 없이 시대의 흐름을 따르게 되겠지.

이제 내게는 소망도 믿음도 사라졌으니 왜 아니겠는가?

아마 내 마음은 돌처럼 딱딱해지고, 얼굴 표정은 굳어지겠지.

> 나 역시 속고 속이다가 죽게 될지 누가 알겠는가?
> 우리는 기껏해야 재이며 먼지라.
>
> _ 알프레드 테니슨

  이 장의 제목인 '다른 사람에게 아첨하다'의 의미는 당신과 내 안에 있는 배신의 속성을 말한다. 즉, 모든 사람은 배신의 속성을 갖고 있다. 어린아이가 가장 먼저 개발하는 것 중 하나는 자신이 누군가를 '속일 수 있다'는 것을 깨닫고 그것을 실현해보는 것이다.

  솔로몬은 인간의 삶은 간교함과 거짓과 술책으로 가득하다고 보았다. 사람을 갓난아이처럼 순수하게 여기는 것은 큰 착각이다. 이러한 착각에 빠지면 "아니 이 사람이 그런 짓을 하다니!"라고 말할 때가 많다. 인간들 중에는 완전하게 순결한 동기를 가진 자가 없다. 순결한 동기를 가진 유일한 분은 오직 예수 그리스도이다. 그분이 이루신 구속의 기적을 통해 그분이 지니셨던 순결한 동기는 사람에게 심겨졌다. 산상수훈에는 간교함이 없다. 술책과 기교를 원하는 자들에게 예수 그리스도는 아무런 소용이 없다. 인간들은 선한 것을 매우 어리석은 것으로 여기고 조롱한다. 주님의 제자가 된다는 것은 외적으로 매력적인 존재가 되는 것이 아니라 내적인 죽음을 의미한다.

  테니슨과 브라우닝, 그리고 카알라일은 종교나 허영심이나 인간의 기질의 매력을 제거하고 세상만사를 있는 그대로 보고 글을 쓴 자들이다. 모든 일과 사물을 있는 그대로 해석할 경우 비관주의자가 되기 쉽다. 만일 우리가 비관주의자가 아니라면 그 이유는 일반적으로 머리가 굳어 생각을 멈추었든지 혹은 생각을 하지 않든지 그것도 아니면 낙천적인 기질을 가지고 있기 때문이다. 만일 우리가 세상만사를 있는 그대로 대한다면 참된 기쁨은 낙천적인 기질이 아니라 다른 어느 곳에서 비롯됨을 발견하게 될 것이다. 솔로몬은 히브리 지혜를 통해 우리가 참된 기쁨을 얻을 수 있다고 말한다. 오늘날 사람들은 만물의 기원이 무엇이며, 또한 하나님의 존재 여부를 알아내려고 머리를 짜고 있다. 그러나 솔로몬은 그보다 현실을 있는 그대로 대면하는데 힘쓴다.

폭군의 탄압

"내가 다시 해 아래에서 행하는 모든 학대를 살펴 보았도다 보라 학대 받는 자들의 눈물이로다 그들에게 위로자가 없도다 그들을 학대하는 자들의 손에는 권세가 있으나 그들에게는 위로자가 없도다 그러므로 나는 아직 살아 있는 산 자들보다 죽은 지 오랜 죽은 자들을 더 복되다 하였으며 이 둘보다도 아직 출생하지 아니하여 해 아래에서 행하는 악한 일을 보지 못한 자가 더 복되다 하였노라"전 4:1-3.

솔로몬은 전도서 4장에서 불평등과 폭정, 심한 간섭 및 간교함 등을 다룬다. 1절에서 3절은 그 사실들에 대한 솔로몬의 진술이다. 출생과 죽음 사이의 인생은 자신의 것이라 생각하기 때문에 우리는 다른 사람들과 더불어 어떤 종류의 삶을 살지 스스로 결정한다. 우리가 나폴레옹이나 카이저 황제처럼 절대적인 권력을 가지고 모든 것을 자신의 뜻대로 할 수 있지 않는 한 우리는 다른 사람들로부터 완전히 무관하게 살 수는 없다.

폭군의 탄압이란 나 자신의 뜻을 다른 사람들에게 강요하는 것을 의미한다. 사람들이 내 뜻대로 하지 않는다고 해서 그들을 파괴하는 것이다. 이는 곧 힘으로 다른 사람의 뜻을 짓밟는 것이다. 탄압을 받은 자들의 슬픔은 그 어떤 것으로도 치유되기 어렵다. 현재 이 세상에서 진행되는 대대적인 파괴와 대혼란을 생각해보라. 상처와 손실을 당한 사람들을 무엇으로 보상할 수 있겠는가? "모든 구름 뒤에는 은빛 줄기가 있다"는 말은 듣기 좋은 거짓말이다.

성경이 계시하는 대로 하나님과 바른 관계를 맺지 않는 한 인생은 살 가치가 없다. 우리들 대부분은 하나님의 은혜 가운데 산다. 따라서 우리는 솔로몬이 그의 인생 가운데 경험했던 끔찍한 사건들을 경험하거나 이해하는 데 어려움이 있다. 우리는 화려한 색깔로 칠해진 안경이나 냉소적으로 굴절된 안경을 끼고 세상을 본다. 그래서 사실 그대로를 보기보다 왜곡하여 보게 된다. 인간의 삶 가운데서 폭군의 탄압은 가장 쓴 뿌리를 남긴다.

우리가 만족을 느끼는 지역에서 벗어나 그러한 즐거움이 전혀 없는 지역으로 간다고 하자. 우리는 솔로몬의 진술이 과장이 아니라는 것을 알게 될 것이다. 예수 그리스도께서 이 땅에 계실 때 그는 빌라도로 대표되는 폭정 하에 있었다요 18:36 ; 19:10-11. 주 예수님은 자신이 속한 이스라엘이 하나님 앞에서 마땅히 살아내야 할 기준에 이르지 못하고 부패하였기 때문에 폭정이 불가피함을 아셨다.

"하나님은 친히 그들과 함께 계셔서 모든 눈물을 그 눈에서 닦아 주시니"계 21:3-4.

언젠가 하나님께서 친히 찾아오셔서 자기 백성을 안아 주시며 그들의 모든 눈물, 괴로움, 억압, 고통, 슬픔, 아픔, 그릇되게 부당한 대우를 받은 일들에 대해 위로하시며 충분하게 설명하시며 보상하실 것이다. 그리스도인의 믿음은 영적인 용기를 갖고 자신이 믿는 분은 하나님이라고 당당하게 말하는 자들에 의해 드러난다. 이를 위해 그리스도인들은 도덕적으로 온전한 삶을 살아내야 한다. 하지만 출생과 죽음 사이의 인생 가운데 이러한 믿음의 삶보다는 다른 사람과 세상의 모든 일을 판단하며 사는 삶이 훨씬 쉽다.

문명사회에서 자행되는 억압

"내가 또 본즉 사람이 모든 수고와 모든 재주로 말미암아 이웃에게 시기를 받으니 이것도 헛되어 바람을 잡는 것이로다" 전 4:4.

문명의 기원을 찾아 거슬러 올라가다 보면 인간의 문명이 살인자에 의해 시작된 것을 발견하게 될 것이다. 문명의 이기는 안전과 보호를 제공하는 등의 장점이 있지만 솔로몬이 진술한 대로 이득을 얻기 위해 누군가를 억압해야 한다는 사실 또한 발견하게 된다. 그 과정은 평온하게도 이루어지고 잔인하게도 이루어지지만 성공하기 위해서는 언제나 다른 사람을 짓눌러 이겨야 하는 면이 있다. 우리는 사람들 사이의 경쟁이 필수라고 여기며 또 그 경쟁을 선한 것이라고 여겨왔다. 그러면서 우리는 야망과 경쟁을 문명사회의 가장 본질적인 요소로 만들었다. 그러므로 문명사회 안에는 예수 그리스도의 가르침을 따를 여지가 전혀 없다.

오늘날 사람들은 논리적으로 따지기를 좋아하는 대단히 이성적이고도 물질주의적인 자들이 되었다. 즉, 합리주의가 세상만사의 바탕이라고 확신하고 있다. 그러한 사회 속에서 사람들은 성경이 가장 혁신적이고 비정통적 이단의 성격을 지닌 책이라고 확신한다. 하지만 예수 그리스도는 "사람의 생명이 그 소유의 넉넉한 데 있지 아니하니라" 눅 12:15는 말씀으로 솔로몬의 진술을 확인하여 주셨다.

산업화, 문명화된 삶의 바탕에는 탄압과 강포가 놓여 있다. 솔로몬의 말에 의하면, 당신이 왕이든 신하이든 상관없이 상업과 무역으로 이루어진 문명 시스템 속에서는 참된 기쁨을 발견할 수 없다. 그 이유는 문명 시스템의 바탕에는 물고 뜯는 경쟁이 있기 때문이다. 문명 시스템 속에서는 가장 친절한 사람도 친구를 발로 밟을 수밖에 없다. 이러한 내용은 전혀 근거 없는 무지한 진술이 아니다. 이 땅에 살았던 자들 중에 가장 최고의 지혜를 가졌던 솔로몬에게서 나온 사실적인 진술이다.

약자의 재정의

"우매자는 팔짱을 끼고 있으면서 자기의 몸만 축내는도다 두 손에 가득하고 수고하며 바람을 잡는 것보다 한 손에만 가득하고 평온함이 더 나으니라"전 4:5-6.

"최선의 삶은 소박하게 살며 문명의 삶과 전혀 관계하지 않는 것이다. 그러기 위해서는 최소한으로 먹으며 손도 까딱하지 않아야 한다."

이러한 외침은 모든 시대 가운데 문명의 삶에서 야기된 사교들의 주장이다. 우리는 오늘날 이러한 외침을 찰스 와그너Charles Wagner,

1852-1918, 개신교 목사이며 1904년 출판된 「단순한 삶」의 저자 집회에서 찾아 들 수 있다. 그들은 가장 단순한 삶을 주장한다. 월트 휘트먼과 쏘로우 단체에서도 이러한 삶을 엿볼 수 있다. 그들은 고상한 차원의 단순한 삶을 주장하고 있다. 사람들은 문명의 부정적인 면을 경험한 후에 그와 정반대 성향의 극단으로 치우친다.

솔로몬은 무엇보다 철학과 사고를 통하여 만물의 원칙을 찾으려고 노력하였다. 그러나 그 노력이 실패하자 정반대의 극단으로 달려가 짐승과 같은 정욕에 빠졌다. 하지만 이 방법에서도 삶의 의미를 찾지 못하자 왕으로서 선한 법률을 주장하였다. 그러나 어느 순간 자신이 사람들의 삶을 탄압하고 있다는 것을 발견한 그는 무역과 상업에서 독재를 실현해보기도 하고, 정반대로 아무것도 하지 않고 놀고 먹으며 지내보기도 했다. 그러나 이 모든 시도가 사람들을 억압한다는 사실을 발견하였다.

모든 무역과 상업에는 억압이 있다. 우리는 약자는 패하여야 한다는 말로 억압을 합리화한다. 그러나 정말로 그러할까? 과거에 그렇게 강력하고 화려하던 문명들은 어디에 있는가? 선사시대의 그 거대하고 강력한 동물들은 어떻게 되었는가? 패망한 쪽은 도리어 힘으로 이겼던 자들이 아니던가? 모든 문명사회와 왕국의 가장 큰 실수는 언제나 강한 사람을 요구한 데 있었다. 결국 각 왕국은 차례로 무너졌다. 이는 아무리 강력한 쇠사슬로 형성된 사회라도 가장 연약한 고리 하나에 의해 그 사회가 무너지고 말기 때문이다경쟁에 의해 누군가 승자가 된다면 반드시 약자가 생기게 마련이다. 그러나 사회는 약자에 의해 무너진다-역주.

고독의 강박관념

"내가 또다시 해 아래에서 헛된 것을 보았도다 어떤 사람은 아들도 없고 형제도 없이 홀로 있으나 그의 모든 수고에는 끝이 없도다 또 비록 그의 눈은 부요를 족하게 여기지 아니하면서 이르기를 내가 누구를 위하여는 이같이 수고하고 나를 위하여는 행복을 누리지 못하게 하는가 하여도 이것도 헛되어 불행한 노고로다"전 4:7-8.

'고독의 강박관념'이라는 것이 있다. 은둔주의자, 금욕주의자, 독신주의자들은 "나는 문명사회와 상업주의가 다스리는 세상에서는 평화와 기쁨과 행복을 발견할 수 없다. 그렇다고 거지처럼 게으르게 살 수도 없다. 따라서 독신으로 문명사회와 멀리 떨어진 곳에서 살겠다"라고 말하며 반란을 일으키는 부류이다. 솔로몬은 이러한 삶은 비참으로 끝난다는 사실을 역사를 통해 증명한다. 그 이유는 외부로부터 자신을 차단한다고 해서 내면까지 차단할 수는 없기 때문이다. 예수 그리스도는 고독을 즐기는 분이 아니셨다.

"인자는 와서 먹고 마시매 말하기를 보라 먹기를 탐하고 포도주를 즐기는 사람이요 세리와 죄인의 친구로다 하니" 마 11:19.

반면 세례 요한은 은둔하여 살았던 자이다.

"요한이 와서 먹지도 않고 마시지도 아니하매 그들이 말하기를 귀신이 들렸다 하더니" 마 11:18.
"만일 내게 비둘기 같이 날개가 있다면 날아가서 편히 쉬리로다" 시 55:6.

홀로 있기를 간절히 바라는 마음이 있다.
'멀리 떠나 조용하게 있을 수 있다면! 일출과 석양을 바라보며 조용히 살 수 있다면!'

우리는 현실 속에서도 내면의 평안을 누릴 수 있는 참된 삶을 살아야 한다. 삶의 참된 활력은 하나님과의 올바른 관계 속에 있으며 오직 그곳에서 참된 기쁨을 발견할 수 있다.

위험한 지역에서 구조 작업에 종사하는 사람들을 심리학적으로 연구해보는 일은 흥미롭다. 연구에 따르면 그들 중 대다수가 자신들의 문제로부터 벗어나려고 그 일을 하거나 상한 마음을 달래기 위해 그 일을 한다는 사실을 발견할 수 있다. 즉, 궁극적으로 자신의 삶을 보호하기 위해 그 일을 하는 것이다. 빈민가 사역에 뛰어드는 사람들

중에도 자신의 삶에 대한 큰 열정 때문이 아니라 자신의 마음을 압박하는 고통으로부터 탈출하기 위해 그 일을 선택하는 경우가 있다. 종종 빈민가 사람들은 빈민 사역을 하는 사람들이 자신의 괴로운 마음을 구원하기 위해 그 일을 한다고 말하는데 그것이 맞을 때가 많다.

함께함이 더 낫다

"두 사람이 한 사람보다 나음은 그들이 수고함으로 좋은 상을 얻을 것임이라 혹시 그들이 넘어지면 하나가 그 동무를 붙들어 일으키려니와 홀로 있어 넘어지고 붙들어 일으킬 자가 없는 자에게는 화가 있으리라 또 두 사람이 함께 누우면 따뜻하거니와 한 사람이면 어찌 따뜻하랴 한 사람이면 패하겠거니와 두 사람이면 맞설 수 있나니 세 겹 줄은 쉽게 끊어지지 아니하느니라"전 4:9-12.

솔로몬의 결론은 수고함이 게으름보다 낫고, 그래도 사회적인 삶이 독처하는 삶보다 낫다는 것이다. 솔로몬은 가정생활, 결혼 생활, 친구와의 우정을 적극 옹호한다딤전 4:1-3. 성경은 언제나 원래 지어진 대로 사는 삶을 강조한다. 예수 그리스도는 실제 삶에 적용할 수 있는 교훈을 주셨다. 주께서는 특히 두 가지에 초점을 맞추어 가르치셨다. 바로 결혼과 돈이다. 만일 예수 그리스도의 교훈과 성령의 내재

함이 현실의 문제를 다루지 못하고, 또한 하나님이 원하시는 사람들로 만들어 내지 못한다면 기독교는 무용지물이 될 것이다.

총명과 완고함의 경계

"가난하여도 지혜로운 젊은이가 늙고 둔하여 경고를 더 받을 줄 모르는 왕보다 나으니 그는 자기의 나라에서 가난하게 태어났을지라도 감옥에서 나와 왕이 되었음이니라 내가 본즉 해 아래에서 다니는 인생들이 왕의 다음 자리에 있다가 왕을 대신하여 일어난 젊은이와 함께 있고 그의 치리를 받는 모든 백성들이 무수하였을지라도 후에 오는 자들은 그를 기뻐하지 아니하리니 이것도 헛되어 바람을 잡는 것이로다"전 4:13-16.

꾸지람을 전혀 받지 않고 사는 것은 재앙을 겪는 지름길이다. 특권을 누리며 사는 젊은이가 되는 것 역시 끔찍한 일이다! 엄마의 품에서 편애를 받으며 온실의 식물처럼 자란 젊은이는 혹독한 삶에 대해 전혀 준비가 되어 있지 않다. 언젠가 혹독한 현실을 접하게 될 때 그는 견딜 수 없는 고통을 느끼게 될 것이다. 온실에서 보호받으며 아무런 제재 없이 자라나고 더욱이 모든 일에 형통했던 젊은이가 혹독한 현실을 처음 대할 때 느끼게 될 고통을 상상해보라. 어려움과 가난과 실패와 꾸지람을 견디며 꿋꿋하게 설 수 있는 사람이 되는 것이 온실에서 자라나는 것보다 낫다. 다른 사람들과 어울리지 못하는 젊은이들은 누군가의 조언이나 꾸지람을 거절하는 경우가 많다. 결국 아무도 그에게 조언이나 권면을 해줄 수 없다.

솔로몬은 당신이 지혜롭든 어리석든, 의롭든 그렇지 않든, 왕이든 아니면 왕에 의해 억압을 받는 서민이든, 성공했든 실패했든, 사회적이든 홀로 있기를 좋아하든, 고집이 세든, 총명하든 모두 삶을 마치는 날이 있음을 분명히 말한다. 모든 것이 헛되기에 우리는 영원한 기쁨을 이 땅에서는 찾을 수 없다. 거짓 진리 안에서, 야망을 성취함으로, 실제적으로 또는 정신적으로 고립된 삶 속에서, 또는 사회 속에서 참된 기쁨을 찾으려는 노력은 결국 비참으로 마친다. 사람은 오직 하나님과의 인격적인 교제 속에서 참된 기쁨을 발견할 수 있다. 예수 그리스도는 그 관계에 대해 다음과 같이 설명해주셨다.

"무릇 내게 오는 자가 자기 부모와 처자와 형제와 자매와 더욱이 자기 목숨까지 미워하지 아니하면 능히 내 제자가 되지 못하고"눅 14:26.

우리는 하나님과 인격적으로 관계를 맺는 것에 가장 관심을 가져야 한다. 예수 그리스도는 사람의 몸을 입고 오신 하나님이시다. 우리는 그리스도와의 관계를 가장 중요하게 여기며, 이를 희미하게 하거나 허물려는 그 어떤 것도 다 미워해야 한다.

사람이 이 자리까지 이르게 되면, 지금까지 희생했던 모든 것의 수백 배를 보상받게 된다. 그때 하나님으로부터 무한한 만족을 얻기 때문에 결코 사람들로부터 무한한 만족을 요구하지 않게 된다. 하나님을 알지 못하는 자들은 사람들로부터 무한한 만족을 요구하지만 아무도 그 요구를 채워줄 수 없다. 그럴 때 그 사람은 폭군이 되거나 잔인한 사람이 되곤 한다. 사람의 마음이 참된 만족을 얻으려면 인간의 심연까지 채우실 수 있는 주 예수 그리스도께로 나아가야 한다. 그 뒤 그리스도와 올바른 관계를 맺게 되면, 그는 결코 다른 사람들로부터 불가능한 것을 요구하지 않게 되고, 모든 것이 제자리로 돌아가 평강을 누리게 된다.

"이에 예수께서 제자들에게 이르시되 누구든지 나를 따라오려거든 자기를 부인하고 자기 십자가를 지고 나를 따를 것이니라"마 16:24.

주께 나아가려면 우리는 자신에 대한 권리를 거부해야 한다. 죄의 근본은 자아실현을 하려는 교만에서 비롯되며 자기 자신에 대한 권리 주장으로 나타난다. 하지만 하나님은 인간을 다스릴 권리가 있으시다.

한 개인이 예수 그리스도를 인격적인 차원에서 필요로 하는 자리까지 이르는 데에는 오랜 세월이 걸린다. 한 국가가 모든 것을 바로잡는 것이 이성주의가 아니라 오직 십자가의 구속이라는 사실을 깨닫는 것 역시 오랜 세월이 걸린다. 성경은 한물간 헛소리이거나 시적인 망상이 아니다. 성경은 하나님의 계시를 담은 온전한 세계이다.

제 6 장

삶의 한계 가운데

전도서 5:1-7

주님은 영광으로 가득하다.
그분은 맡겨진 운명을 이루셨다.

그분으로부터 빛이 사방으로 퍼지지만
그분의 영광과 빛은 어둠에 가려져 있다.

하나님께서 그분께 말씀하시니
그분은 인내하신다.

영과 영이 만난다.
그분은 우리의 숨결보다 더 가깝고
우리의 손과 발보다 더 가깝다.

_ 알프레드 테니슨

만일 우리가 인간관계 속에서 영원한 기쁨을 찾으려고 노력한다면 그 수고는 결국 아침 안개처럼 헛되이 사라질 것이다. 삶의 참된 기쁨은 하나님과의 관계에 달려 있다. 히브리 지혜가 가장 강조하는 하나님에 대한 신뢰는 인간의 현실적인 삶에 잘 맞는다. 이 부분이 언제나 거짓 종교를 분별하는 경계가 된다.

의례를 대하는 자세

"너는 하나님의 집에 들어갈 때에 네 발을 삼갈지어다 가까이 하여 말씀을 듣는 것이 우매한 자들이 제물 드리는 것보다 나으니 그들은 악을 행하면서도 깨닫지 못함이니라"전 5:1.

종교 생활에 있어서 의식과 절차는 필요하다. 그러나 언제나 그것이 필요한 것은 아니다. 의례가 유익할 때도 있기 때문이지만 그렇지 않을 때도 있기 때문이다.

히브리 종교에서는 집회 규례와 의식 절차가 대단히 강조되었다. 하지만 신약에서는 구약의 모든 예식과 절차가 사라졌다요 4:21-24. 하지만 에스겔의 예언에 의하면 아직은 이루어지지 않았지만 하나님을 향한 참된 예배가 드려질 때, 상상을 초월하는 차원에서의 의례가 있을 것이다.

오늘날 의례와 형식에 대해 반발이 크다. 일반 사람들은 의례를 지겨워하고 중요하게 여기지 않는다. 수도승 시대에도 그러한 반발을 옹호할 때가 있었다. 영혼 구원의 과정 가운데 분리된 건물 안에서 단조롭고 반복되는 삶을 통해 하나님을 예배하는 것이 더 낫다고 여긴 때가 있었다. 사람이 형식과 의식 절차에 매여 지독한 위선자가 되는 것도 사실이지만 때로는 의례를 무시함으로 사이비 신자가 되는 것도 사실이다.

사람이 하나님과 올바른 관계를 맺고 있으면 의례는 도움이 된다. 규정된 예배 장소와 정해진 예배 의례가 바른 예배를 드리도록 돕는 도구가 될 수 있다. 우리는 의례가 온전한 신앙생활의 본질이라는 주장을 거부하지만, 그럼에도 올바른 예배 절차에 의해서만 이루어질 수 있는 올바른 예배 태도가 있는 것이다. 예를 들어, 예수 그리스도는 그의 제자들에게 기도를 가르치시며 기도의 형식을 정해주셨다. 이때 주님은 그 기도 형식이 기독교 역사 가운데 세세토록 반복되도록 하셨다.

조급함과 침착함

"너는 하나님 앞에서 함부로 입을 열지 말며 급한 마음으로 말을 내지 말라 하나님은 하늘에 계시고 너는 땅에 있음이니라 그런즉 마땅히 말을 적게 할 것이라"전 5:2.

사랑하는 사람을 잃고 혼자가 될 때, 또는 잘못한 일이 들통 나서 망할 줄 알았는데 고비를 넘기게 될 때, 우리는 하나님 앞에서 쉽게 헌신을 맹세하는 위험에 빠지기 쉽다. 성경을 읽다가 하나님 앞에서 여러 다짐을 하지만 실제로는 지키지 않을 때가 얼마나 많은가. 이는 마치 술 취한 사람이 헛소리로 다짐을 하고 술이 깨면 기억하지 못하고 지키지 않는 것과 비슷하다.

회개는 충동적인 반응이 아니다. 반면, 후회는 충동적으로 일어난다. 후회는 '다시는 그런 짓을 하지 말아야지'라고 다짐하는 것이다. 그러나 회개는 온 맘을 다해 과거와는 상반된 존재가 되는 것을 의미한다.

솔로몬은 이러한 충동적인 종교성을 주의하라고 말한다. 하나님 앞에서 함부로 입을 열지 말고 마음을 추스르라고 한다. 하나님 앞에 나아가는 것은 장난이 아니다. 사람이 하나님께 드리는 모든 말을 주께서 듣고 계시며 또한 분명하게 기록하신다.

솔로몬은 급하게 말로만 하는 종교 생활보다는 차라리 종교 생활을 하지 않는 것이 낫다고 지적한다. 성경은 이러한 자들에 대해 이렇게 말한다.

"… 곧 말씀을 들을 때에 즉시 기쁨으로 받으나 그 속에 뿌리가 없어 잠깐 견디다가 말씀으로 인하여 환난이나 박해가 일어나는 때에는 곧 넘어지는 자요."막 4:16-17.

지금 이 전쟁 시대를 살며 사람들은 예상과는 달리 조급한 반응들이 덜하다. 오히려 정반대의 반응이 나타나고 있다. 즉, 많은 사람들이 '될 대로 되라'는 식의 자세를 가지고 있다. 이러한 마음 자세는 겁과 두려움과 회피의 마음이 섞일 때 나타나는 현상이다. 그들은 말한다.

"성경을 보고 싶지만 지금까지 읽어 본 적이 없으니 지금도 읽지 않겠다."

반면에, 충동적으로 종교 생활을 하는 사람들도 많지만 그들에게는 아무런 진심이 없다. 참 종교의 특징은 침착함이다. 감정에 치우치지 않은 채 마음을 모으고 자신이 하나님 앞에 서 있다는 사실을 기억하는 것이다.

경외함을 위한 절제

"걱정이 많으면 꿈이 생기고 말이 많으면 우매한 자의 소리가 나타나느니라"전 5:3.

당신이 날마다 바쁜 일상을 산다면, 당신이 밤에 꾸는 꿈은 단지 많은 '걱정'의 반영일 뿐이다. 많은 거짓 종교들이 그 기초를 헛된 꿈에 두고 있다.

"나는 너무 많이 먹었어. 이제 사순절이 되었으니 한동안 금식해야겠다."

이러한 금식은 진심이 담겨 있지도 않으며 또한 하나님을 붙들려는 금식도 아니다.

사람이 하나님 앞에 나아갈 때는 그분에 대한 경외함으로 스스로 절제해야 한다. 하나님 앞에 서는 것이 자신의 태도를 보여 주기 위함이거나 자신을 위한 위로를 얻기 위함이거나 "나에게 복을 베푸소서"라는 기도를 드리기 위함이 아니라는 사실을 기억해야 한다. 자신의 개인적인 필요를 알리기 위해 하나님 앞에 서는 것이 아니라 하나님의 관점에서 그분의 뜻을 분별하기 위함임을 명심하자.

맹세를 거부함

"네가 하나님께 서원하였거든 갚기를 더디게 하지 말라 하나님은 우매한 자들을 기뻐하지 아니하시나니 서원한 것을 갚으라 서원하고 갚지 아니하는 것보다 서원하지 아니하는 것이 더 나으니 네 입으로 네 육체가 범죄하게 하지 말라 사자 앞에서 내가 서원한 것이 실수라고 말하지 말라 어찌 하나님께서 네 목소리로 말미암아 진노하사 네 손으로 한 것을 멸하시게 하랴"전 5:4-6.

매해 연말이 되면 이곳저곳에서 사람들의 서원을 들을 수 있다. 그런데 솔로몬은 "서원하지 말라"고 충고한다. 일반적인 일이라도 서원을 하고 지키지 않으면 당신은 그 일로 곤란을 겪는다. 만일 어떤 사람을 만나기로 약속한 후에 그 약속을 지키지 않으면 당신은 그 일로 어려움을 당하게 되는 것이다. 즉, 당신의 성품에 흠이 생기게 된다. 그러므로 약속을 하고 지키지 못하느니 차라리 약속을 하지 않는 것이 낫다.

허풍쟁이처럼 "이번에는 반드시 지키리라"고 약속하지만, 서원을 하고 지키지 않으면 자신의 성품과 명예에 큰 손상을 입게 된다. 약속을 한 후에 그 약속을 지키지 않는 것을 대수롭지 않게 여길 수 있지만, 그 사실은 우리의 마음에 상세히 남아 있다.

서원의 문제에 대해 솔로몬은 절대로 맹세하지 말라고 권면한다. 그리고 만일 서원을 했다면 어떤 수를 써서라도 지키라고 한다. 성급한 약속이나 맹세는 당장 코앞에 있는 책임을 회피하는 술수가 될 수 있다.

우리는 당장 눈앞에 보이는 불편한 질문을 회피하기 위해 다른 뭔가를 약속한다. 그러나 "네, 그렇게 하겠습니다"라고 말하고 행하지 않는 것은 끔찍한 일이 된다. 사람들에게 많은 약속을 쌓아 놓지 말라. 특히 하나님 앞에서는 함부로 서원해서는 안 된다.

예수 그리스도는 이 부분에 대해 엄격하셨다.

> "손에 쟁기를 잡고 뒤를 돌아보는 자는 하나님의 나라에 합당하지 아니하니라"눅 9:62.

히스기야 왕은 병들었을 때 하나님 앞에서 서원하였다. 그는 엄숙한 예식을 통해 "여생을 겸손한 마음으로 살아가리라"고 맹세하였다 사 38:15-20. 하지만 병의 위험에서 벗어나자 그는 서원을 망각하였다.

전시처럼 날마다 죽음을 코앞에 둔 상황은 병이 들거나 사고를 당하는 경우와는 차원이 다르다. 만일 죽음 앞에서 간신히 벗어나 살아나게 되더라도 함부로 맹세하지 말라. 약속을 하거나 서약을 하지 말고 단지 하나님을 의지하며 더욱 예수 그리스도의 반석 위에 서도록 하라.

현대 복음주의의 위험 중에 하나는 예수 그리스도께 온전하게 순복하는 대신 그분을 위해 어떤 삶을 살겠노라고 다짐하는데 있다. 이는 큰 문제이다.

사람이 그리스도를 위해 바른 삶을 살겠다고 결심할 때는 보통 그리스도의 영광이 아니라 자신의 영광을 구하기 쉽다. 또한 그리스도를 의지하기보다 자신을 신뢰하기 쉽다. 하지만 그 어떤 사람도 스스로의 힘으로 서지 못한다. 불가능하다. 오직 하나님만이 우리를 그리스도인으로 설 수 있도록 하신다.

많은 사람들이 자신의 정직을 핑계로 예수 그리스도를 멀리한다. "나는 원래 이런 사람이기 때문에 갑자기 그분의 말씀을 지킬 수 없어!" 하고 말이다.

만일 기독교가 그리스도를 위한 삶의 결단만을 한다면 차라리 멀리하는 것이 낫다. 우리 주님께서는 우리 스스로 참된 삶을 살 수 없기 때문에 그분께 오라고 말씀하신다. 이는 현대 복음주의의 제안과는 전혀 다른 제안이다.

예수 그리스도는 약한 자들을 위해 오셨고 불경한 자와 죄악으로 가득한 자들을 위해 오셨다. 주께서는 "결심을 하고 스스로 그 결심을 지킬 능력이 있는 자는 복이 있다"고 말씀하시지 않고 "심령이 가난한 자는 복이 있다"마 5:3고 말씀하셨다.

예수 그리스도는 "나는 그 말씀대로 살 능력이 없습니다. 다른 사람들은 그렇게 할 수 있는지 몰라도 저는 안 됩니다"라고 고백하는 자를 부르신다. 그리고 그러한 자에게 "네가 복이 있다"고 말씀하신다.

하나님 앞에서 중요한 것은 우리의 서원이 아니라 우리가 자신의 연약함을 인정하며 빈손 들고 하나님 앞에 나아가는 것이다. 그러면 하나님께서 붙들어 주시고 지켜 주신다.

부주의함과 올바른 결단

"꿈이 많으면 헛된 일들이 많아지고 말이 많아도 그러하니 오직 너는 하나님을 경외할지니라" 전 5:7.

귀신 들리는 자들이 있다. 어떤 사람이 접신의 세계를 건드리다가 악령들과 교류하게 되는 경우이다. 그는 자신의 인격의 어느 한 부분을 그가 조종할 수 없는 초자연적인 세력을 향해 열어 둔다. 이에 대한 유일한 치료 방법은 하나님을 경외하며 주님과 올바른 관계를 맺는 것이다. 그러면 뇌리에서 떠나지 않는 두려움과 접신 현상은 사라질 것이다.

"하나님의 전신 갑주를 취하라" 엡 6:13.

사람이 예수 그리스도를 통해 하나님과 인격적인 관계를 맺을 때, 하나님은 우리의 의식 세계를 지켜 주실 뿐만 아니라 무의식의 세계도 지켜 주신다. 하나님의 보호를 받지 않을 때 초자연적인 세력들이 무의식 세계를 침투할 수 있다. 귀신들은 꿈과 사악한 에너지를 통해 어떤 사람의 삶을 드나들다가 마침내 귀신 들린 사람으로 만든다. 그 누구도 지적으로나 도덕적으로 자신의 호기심을 다 채울 권한이 없다. 그러한 사람은 반드시 죄악 가운데 떨어져 무너진 삶을 살게 된다.

귀신 들리는 것은 끔찍한 일이며 일단 어떤 사람이 귀신이 들리면 그 사람의 양심마저 귀신의 활동을 막지 못한다. 우리가 하나님과 온전한 관계를 맺고 살 때 주께서는 모든 위험으로부터 우리의 의식세계뿐만 아니라 잠재의식의 세계도 지켜 주신다. 하나님을 경외하는 자는 이 우주에 그 무엇도 두려워할 것이 없다. 그 이유는 그가 깨어 있을 때나 잠을 잘 때나, 의식의 삶에서나 무의식의 삶에서나 항상 하나님의 보호를 받기 때문이다.

제 7 장
평범과 신성 사이

전 5:8-20

기회가 있을 때 당신이 쓸 수 있는 모든 것을 사용하라.
당신이 썩어 먼지가 되기 전에.
흙에서 먼지로, 또 먼지 위에 누워 있기 전에.

신나게 술 마시고 노래하고 춤을 추다가
신나게 인생을 마쳐라.
오늘을 준비하는 자나,
먼 미래를 준비하는 자를 향해 똑같이
어둠의 탑에서 종소리가 울린다.

"어리석은 자들아! 당신의 보상은
이곳에서도 저곳에서도 없도다"라고 외친다.

_ **오마르 하이얌**

하나님은 사람을 흙과 신성을 섞어 만드셨다.

"여호와 하나님이 땅의 흙으로 사람을 지으시고 생기를 그 코에 불어넣으시니 사람이 생령이 되니라"창 2:7.

사람의 몸을 구성하고 있는 흙은 부끄러움이 아니라 영광이다. 이 땅에서 예수 그리스도는 자신을 인간의 몸, 즉 흙으로 나타내셨다. 주님은 사람에게 그분 자신의 신성을 임하게 할 수 있다고 말씀하신다. 성경은 우리에게 어떻게 우리 몸을 복종시켜 다스릴 수 있는지를 가르친다. 로버트 브라우닝은 그의 모든 시를 통해 사람은 '몸이 있음에도 불구하고' 발전하는 것이 아니라 '몸 때문에' 발전한다는 메시지를 전했다.

지겨움은 죄의 결과이다. 그렇다고 해서 지겨움이 삶을 주관할 권한을 가지고 있는 것은 아니다. 우리는 이 땅의 흙이 하나님께 속해 있다는 사실을 무시한다. 그리고 사람의 주된 목적이 하나님을 영화롭게 하는 것임을 망각한다. 우리가 흙으로 된 우리 몸으로 신성의 임재를 유지하지 못한다면 삶은 비참할 정도로 지루하고 지겨워 질 것이다. 만일 어떤 사람이 삶의 수단을 축적하기 위해 살고 있다면 그는 전혀 의미 없는 삶을 사는 것이다. 그는 삶의 수단을 축적하느라 여러 형태의 지겨움에 사로잡힐 것이고 결국 의미 있게 살 시간을 잃어버릴 것이다.

이 시대의 지혜는 하나님과는 관계가 없고 주로 만물의 기원에 관심을 두고 있다. 철학이든 신비주의든 인간의 실제 삶에 대해서는 고민할 시간마저 할애하지 못한다. 하지만 히브리 지혜는 실제 삶에 관심을 쏟고 있다. 대부분의 사람들은 현실의 삶에 대해 성경이 무엇을 말하는지 별 관심도 없고 소중하게 여기지도 않는다. 우리의 삶은 히브리인들이 하나님을 향해 가졌던 뿌리 깊은 신뢰와 확신과는 거리가 멀다.

우리는 성경적으로 생각하지 않고 세상 사람들처럼 생각한다. 하지만 겉으로는 영적인 체하며 많은 말들을 한다. 결국 어려움이 닥치면 우리의 종교는 아무런 도움을 주지 못한다. 환란 가운데서 우리는 이방인들처럼 말하고 행동하게 되는 것이다.

얼마 전까지만 해도 창세기에 나온 내용을 조롱하는 것이 사람들의 생각 속에 만연해 있었다. 하지만 세계대전이 발발하자 사람들은 그토록 자신만만해 하던 논리들을 더 이상 펼치지 못하고 성경의 관점에 대해서도 더 이상 자신 있게 말하지 못했다. 이제 사람들은 다시 새로운 생각을 할 준비를 하고 있다.

성경은 "세상은 이래서는 안 돼"라는 말에 공감하지 않는다. 현실은 있는 그대로 현실일 뿐이다. 전쟁이 있어서는 안 된다고 말하는 것은 별 소용이 없다. 그러한 말을 하는 중에도 전쟁은 계속 진행되고 있으니 말이다! 불의가 없어야 한다는 말도 별 의미가 없다. 현실 속에는 항상 불의가 있으니 말이다. 폭력이 있어서는 안 된다는 말도 별 의미가 없다. 그러나 폭력은 늘 있다! 솔로몬은 이런 식으로 시간을 낭비하지 않았다.

솔로몬은 이 세상에는 이러한 악들이 있다고 진술했다. 우리는 현실 속의 악들을 무시하고 인정하지 않으려고 애쓰지만 악한 일들은 항상 현실 가운데 있다. 그러므로 우리는 현실을 직시해야 한다. 그 때 우리는 절망에 빠질 수도 있고, 아니면 예수 그리스도의 십자가로 나아갈 수도 있다. 선택은 당신의 몫이다.

인생의 폭풍 가운데

"너는 어느 지방에서든지 빈민을 학대하는 것과 정의와 공의를 짓밟는 것을 볼지라도 그것을 이상히 여기지 말라 높은 자는 더 높은 자가 감찰하고 또 그들보다 더 높은 자들도 있음이니라" 전 5:8.

성경 전체를 통해 하나님의 자명한 뜻인 작정하심과 하나님의 허용하시는 뜻인 섭리는 서로 다르다는 사실이 드러난다. 하나님의 허용하시는 뜻은 선하든 악하든 이 세상에 발생하는 일들이다. 만일 당신이 이 세상의 사건들 가운데 공의를 찾으려 한다면 하나님은 사탄이라는 결론에 이르게 될 것이다.

또한 오늘날 하나님의 섭리 가운데 발생하는 일들을 하나님의 작정하심이라고 오해한다면 당신은 하나님은 사탄이라는 결론이 옳다고 말하게 될 것이다. 하지만 오늘날 일어나는 모든 일들은 하나님의 허용하시는 뜻 가운데 일어나는 것으로서 이와는 전혀 다른 문제이다.

하나님의 작정하심은 죄와 사탄과 그릇됨과 고난과 아픔과 불의와 죽음과 질병과 학대 등이 사라지는 것이다. 그러나 하나님의 허용하시는 뜻은 그분의 섭리 가운데 일어나는 모든 죄와 병마와 죽음과 사탄과 당신과 나 등, 현실 그대로를 말한다.

하나님의 허용하시는 뜻은 지금처럼 우연하게 발생하는데, 이때 우리는 그러한 상황 속에서 그리스도의 성품을 이루어 갈 수도 있고 저주 섞인 욕설을 할 수도 있다. 우리는 신경질을 부리며 하나님은 불의하다고 외치지만 여전히 모든 인간은 곤경에 처해 있다. 이 세상의 문제들 앞에서 그러한 문제들이 없다고 말하는 것도 소용없고, 섭리 가운데 허용된 폭정들을 보고 놀라는 것도 소용없다. 이 세상에는 언제나 죄와 불의가 있기 마련이기 때문이다.

개인의 삶이든 국가의 운명이든 하나님의 작정하심은 늘 고난을 통해 이루어진다. 다른 방법은 절대로 주어지지 않는다. 왜 고난을 통해 하나님의 작정하심이 이루어지는지는 별개의 문제이고, 분명한 건 하나님의 작정하심은 고난을 통해 성취된다는 사실이다.

"그가 아들이시면서도 받으신 고난으로 순종함을 배워서 온전하게 되셨은즉"히 5:8-9.

우리는 하나님의 허용하시는 뜻 가운데서 하나님의 작정하심을 붙들어야 한다. 하나님은 그분의 자녀들을 영광의 자리로 이끄신다. 하나님의 자녀는 구원 받은 영혼 그 이상의 존재이다. 자녀는 싸움을 통과하여 시험을 이기고 훌륭하고 귀한 존재로 서야 한다. 세상 일들을 향한 성경의 자세는 단호하다. 흐느적거리는 해파리 같은 자세를 거부한다. 결코 잠시라도 불평불만을 허락하지 않는다. 성경 전체가 주의 백성들로 하여금 하나님의 작정하심을 붙들도록 계속 자극하고 있다.

솔로몬은 당신이 하나님의 섭리 가운데 이 세상에 학대가 있는 것을 볼 때 놀라지 말라고 말한다. 성경에 의하면 세상만사의 바탕에는 비극이 있다. 모든 것이 잘못되어 있다. 그 모든 것이 바르게 되려면 사람들이 하나님과 바른 관계를 맺어야 한다. 이것이 하나님의 작정하심이다.

우리는 어디서나 학대를 발견한다. 개인적으로도 이 문제를 생각해보자. 우리는 모두 어떤 부분에 있어서 불의의 희생자라고 생각한다. 그렇지 않다고 생각하는 사람은 거의 없을 것이다. 우리가 말하는 정의는 우리의 머릿속 어딘가에 있는 추상적인 개념이다. 그 추상적 개념을 실체로 만드는 것은 터무니없는 일이다. 정의와 공의는 오직 인격적인 하나님으로부터 나온다. 그분이 존재하며 다스릴 때 이러한 추상적인 개념들이 의미를 지닐 수 있다. 우리는 하나님은 의로운 분이라고 말하면서 한편으로는 "그 증거가 어디 있느냐?"고 따진다. 예수 그리스도는 우리에게 이렇게 가르치셨다.

> "네게 구하는 자에게 주며 네게 꾸고자 하는 자에게 거절하지 말라"마 5:42.

이 교훈 안에 공의가 어디 있는가? 주님의 가르침에서 가장 중요한 것은 공의라고 불리는 추상적 개념이 아니라 즉, 옳고 그름의 질문이나 선과 악에 대한 질문이 아니라 인격적인 하나님과 인격적인 관계를 맺는 것이다.

만일 우리가 이 세상에서 모든 것이 선하고 모든 것이 옳을 것을 기대한다면 현실은 그렇지 않다는 것을 발견하면서 낙심하게 될 것이다. 솔로몬은 사람들이 추상적인 개념에 갇혀 이 세상을 보며 "이래서는 안 돼"라고 낙심하는 것을 허락하지 않는다. 세상만사를 있는 그대로 받아들여야 한다고 말한다. 불의와 탐욕과 강탈과 살인과 범죄와 포악과 착취는 광야의 모래만큼이나 두텁게 널려 있다. 이 세상을 보며 "이래서는 안 돼"라고 외치면서 방황하는 것은 겁쟁이들이나 하는 짓이다.

우리는 하나님의 섭리 가운데 주어진 상황을 그대로 받아들이고 그 상황 속에서 특별한 항해를 해야 한다. 한 방향에서 바람이 불어도 두 척의 배가 서로 다른 방향으로 항해할 수 있다는 사실은 주목할 만하다. 배는 바람의 방향이 아니라 선장의 운전 기술에 따라 서로 다른 방향으로 항해할 수 있다. 마찬가지로 사람은 어떠한 상황에서도 모든 것을 다 잃을지라도 하나님의 작정을 붙들 수 있다.

우리는 우리의 약한 부분을 토닥여주는 책들을 주의해야 한다. 그 책들은 "불쌍한 친구여! 어쩔 수 없지 않았는가!"라고 우리를 위로한다. 매우 친절하게 들리지만 하나님의 작정을 붙들지 못한 삶을 이런 식으로 위로해서는 안 된다. 인생에는 학대를 받는 때가 있다.

만일 우리가 감정에 무너져서 '나는 인생을 살기에 부적절하다'고 하며 삶을 포기한다면 어떠한 상황에서도 하나님의 작정하심을 붙드는 믿음의 삶을 살 수 없게 된다. 성육신은 싸움을 의미한다. 즉, 하나님의 영으로 온 몸과 마음이 충만한 가운데 주어진 상황에서 폭풍과 맞서는 것이다. 당신을 곁길로 빠지게 만드는 것들을 주의하라. 이러한 것들은 거짓 영성이며 지적 교만일 뿐이다.

땅을 기경하는 수고

"땅의 소산물은 모든 사람을 위하여 있나니 왕도 밭의 소산을 받느니라"전 5:9.

하나님께서 사람을 흙과 신성으로 지으셨다. 죄는 다른 요소, 즉 고생과 지겨움을 가져왔다.

"땅은 너로 말미암아 저주를 받고 너는 네 평생에 수고하여야 그 소산을 먹으리라 땅이 네게 가시덤불과 엉겅퀴를 낼 것이라 네가 먹을 것은 밭의 채소인즉 네가 흙으로 돌아갈 때까지 얼굴에 땀을 흘려야 먹을 것을 먹으리니"창 3:17-19.

이 땅은 인간의 불순종 때문에 저주를 받았다. 따라서 실제 역사 가운데 인간의 불순종이 멈추어질 때 땅은 더 이상 저주를 가져오지 않을 것이다. 그리스도의 구속은 '새 하늘과 새 땅'을 포함한다. 그 때 새 땅은 가시덤불과 엉겅퀴 대신 무화과 나무를 낼 것이다. "그때에 이리가 어린 양과 함께 살 것"사 11:6이다. 짐승들은 서로 잔인하게 잡아먹는 대신 더 이상 싸우지 않고 평화로울 것이다. 이러한 장래의 세상은 지금 우리가 다 상상하기에 불가능하다.

전쟁과 반란 등의 사건을 대할 때 우리는 솔로몬이 말한 것이 사실임을 발견한다. 즉, 소산물을 얻으려면 인간을 지으셨던 그 흙으로 돌아가야 한다. 문명이 만들어 내는 이상한 현상은 사람들로 하여금 흙에서 멀어지게 하는 것이다. 문명은 사람들로 하여금 근본적인 것으로부터 멀어지게 하고 인위적인 것들을 발전시켜 그것을 의지하게 만든다. 문명은 하나님 없이 지낼 수 있는 정교한 시스템이 되었다. 하지만 문명사회가 어느 날 갑자기 문명 시스템에 의해 출현될 수밖에 없는 폭군에 의해 강력한 타격을 받게 되면 대부분의 사람들은 설 자리를 잃게 된다.

솔로몬은 왕이든 농부든 모두 땅을 기경하여 얻은 소산물을 의지한다는 사실을 잊지 않게 한다. 성경에 의해 주어진 법은 땅을 어떻게 다루어야 하는지를 알려 준다. 율법은 이 땅에 적당한 휴식을 주어야 한다고 강조한다. 그렇게만 하면 이 땅은 소산물을 풍성하게 낼 것이다. 레위기 25장을 보라. 땅이 가지고 있는 권리가 무엇인지 잘 설명하고 있다.

아무 유익을 주지 못하는 보물

"은을 사랑하는 자는 은으로 만족하지 못하고 풍요를 사랑하는 자는 소득으로 만족하지 아니하나니 이것도 헛되도다 재산이 많아지면 먹는 자들도 많아지나니 그 소유주들은 눈으로 보는 것 외에 무엇이 유익하랴"전 5:10-11.

보화를 쌓는 것과 소득을 얻는 것은 다른 것이다. 보화는 그 자체에 가치가 있지만 사람들에게 소득을 얻게 하지는 못한다. 성경은 소유 자체를 위해 소유하려는 것을 철저하게 반대한다.

"오직 너희를 위하여 보물을 하늘에 쌓아 두라 … 네 보물 있는 그곳에는 네 마음도 있느니라"마 6:20-21.

만일 당신의 보화가 금이거나 토지거나 이 세상에 속한 것이라면 당신의 마음은 그곳에 있을 것이다. 따라서 전쟁이 발발하거나 전쟁의 소문이 나면 당신의 마음은 보물을 잃을지 모를 두려움 때문에 무너지게 된다. 만일 어떤 사람이 채권을 보물로 삼고 있을 때 전쟁이 일어난다면 어찌 그의 마음이 평안할 수 있겠는가? 공포와 좌절과 낙망이 그의 마음을 사로잡아 그 보물이 더 이상 그에게 아무런 유익이 되지 않을 것이다.

문명의 이기利器는 땅을 기경하는 방법을 발전시킨 것이 아니라 각 사람으로 하여금 보물을 쌓는 욕망을 만들어 냈고 심지어 남의 것을 착취하여 자신의 소유로 삼는 수전노들을 만들어 냈다. 재산에 대한 소욕은 영적인 삶의 덫이다. 바울은 성도의 삶을 군인의 삶에 비유하였다딤후 2:3-4. 전쟁터에 있는 병사들은 재물에 대한 욕심을 취할 수 없다. 문명 속에서 소유욕은 인류에게 덫이 된다.

"이것은 내 집이고 내 땅이다. 이 책들은 내 것이고 저 물건들 역시 내 것이다."

만일 누군가가 당신의 것을 건드린다고 하자! 어떤 일이 생기겠는가? 당신은 괴로움에 사로잡힐 것이다. 예수 그리스도는 한 가지 교훈을 계속 강조하셨다.

"너희 마음이 네 소유에 가 있지 않도록 주의하라. 소유는 생기기도 하고 사라지기도 하는 것이다."

솔로몬 역시 마찬가지 경고를 하고 있다. 당신이 무엇을 소유하든 그 소유에 마음이 가 있으면 귀한 인생을 다 망칠 것이다.

욥의 경우 사탄은 욥의 소유를 가지고 장난칠 수 있는 권리를 하나님께로부터 받아 냈다. 그는 욥의 모든 소유를 빼앗고 심지어 건강까지 해쳤다. 하지만 욥은 그의 모든 소유가 사라져도 하나님을 향한 사랑을 지킴으로써 그의 믿음을 입증했다.

수고 가운데 임하는 평강

"노동자는 먹는 것이 많든지 적든지 잠을 달게 자거니와 부자는 그 부요함 때문에 자지 못하느니라"전 5:12.

노동자의 잠은 달콤하며 잠을 잔 후에는 힘을 얻는다. 성경은 잠을 사람의 몸의 피곤함을 회복하는 수단으로만 보지 않는다. 성경은 성도가 잠을 자는 동안 영적으로, 그리고 도덕적으로 놀랍도록 회복된다는 사실을 가르친다. 아놀드 베네트 등 학자들은 몸의 회복을 위해 인간에게 잠이 필요하다고 주장한다. 그러나 성경은 신체적인 회복보다 훨씬 더 높은 차원에서의 회복이 하루 일과를 마치고 잠을 잘 때 발생한다고 말한다.

"그러므로 여호와께서 그의 사랑하시는 자에게는 잠을 주시는도다"시 127:2.

사람들은 이 부분만 잘라내어 신체적인 잠을 의미하지만, 사실은 훨씬 더 깊은 의미가 있다.

바울은 "누구든지 일하기 싫어하거든 먹지도 말게 하라"살후 3:10고 권면한다. 먹기만 하고 일하지 않는 수많은 사람들이 있다. 그러면서 그것 때문에 고생한다. 만일 우리가 신체적으로 건강하면 우리가 먹는 음식은 우리가 일을 할 때 유익이 된다. 정신적인 건강과 도덕적이고 영적인 건강도 마찬가지이다. 우리 주께서 우리에게 가르치신 기도는 이 점에서 지혜로 가득하다.

"오늘 우리에게 일용할 양식을 주시옵고"마 6:11.

이 기도는 우리가 기도하지 않으면 우리에게 먹을 것이 없을 것이라는 뜻이 아니다. 여기서 '주다'는 '받다'는 의미를 지닌다. 우리가 하나님의 자녀가 되면 우리는 날마다 하나님으로부터 일용할 양식을 받는다. 즉, 복의 근원은 하나님께 있다. 만일 이 사실을 모르고 일용할 양식을 받는다면 하나님이 복의 근원이신 사실을 모르는 짐승과 다를 바가 없는 것이다.

끝까지 신뢰할 것

"내가 해 아래에서 큰 폐단 되는 일이 있는 것을 보았나니 곧 소유주가 재물을 자기에게 해가 되도록 소유하는 것이라 그 재물이 재난을 당할 때 없어지나니 비록 아들은 낳았으나 그 손에 아무것도 없느니라" 전 5:13-14.

만일 당신이 많은 재산을 소유하고 있다면 당신은 여러 사람을 향한 신뢰를 잃고 그들을 의심하게 될 것이다. 따라서 더 나은 인생을 잃는 셈이 된다. 다시 강조하는데, 당신은 당신의 소유를 영원히 붙들 수 없다. 자신을 너무 과대평가하다가 어느 날 모든 소유를 잃을 수도 있고, 당신이 죽은 후 당신의 자녀들이 다 탕진할 수도 있다. 다시 말해서 당신은 세상의 소유물에서 영구한 기쁨을 찾을 수 없다.

이 땅의 소유는 오고 가도록 두라. 그리고 당신은 하나님과 올바른 관계를 맺기에 힘을 다하라.

　결코 소유물을 의지하지 않도록 하라. 노동하며 살면서 땅을 가까이 하며 지내라. 학대를 당하는 상황에 처하더라도 하나님을 신뢰하라. 어떠한 상황에서도 언제나 하나님을 의지하라. 그러면 당신의 마음에 모든 사람이 구하는 참 기쁨이 넘치게 될 것이다.

유일한 진리이신 주님의 인격

　"그가 모태에서 벌거벗고 나왔은즉 그가 나온 대로 돌아가고 수고하여 얻은 것을 아무것도 자기 손에 가지고 가지 못하리니 이것도 큰 불행이라 어떻게 왔든지 그대로 가리니 바람을 잡는 수고가 그에게 무엇이 유익하랴 일평생을 어두운 데에서 먹으며 많은 근심과 질병과 분노가 그에게 있느니라" 전 5:15-17.

　인격적으로 진실한 관계는 우리를 진리로 이끌고 진리는 우리를 하나님과 바른 관계를 맺도록 한다. 예수님은 "내가 진리"요 14:5라고 말씀하셨다. 우리는 그리스도의 마음을 가져야 하는데 이는 한번에 되지 않는다. 그리스도의 마음을 형성하려면 예수 그리스도와 인격적인 관계를 계속 유지해야 한다. 그때 천천히 그러나 분명하게 새로운 마음이 형성된다.

우리 중에 몇이나 예수 그리스도와의 인격적인 관계의 바탕 위에서 이 일을 이루어 내고 있을까? 우리는 공의와 정의에 대해 나름대로의 감각과 추상적인 논리로 문제를 풀어 보려고 한다. 하지만 위기를 만나면 마치 예수 그리스도께서 존재하시지도 않고 십자가에 죽으시지도 않은 것처럼 복음과는 무관한 세상의 입장을 취하는 것을 보게 된다. 영적이라는 사람들도 이렇게 행동하는 것을 볼 때 참으로 한탄스럽다.

중요한 것은 사람이 누구와 어떤 인격적인 관계를 맺는지이다. 사람이 죽으면 그는 그의 인생 가운데 이룬 일들과 쌓은 소유를 아무것도 가져가지 못한다. 그가 죽음과 함께 가져갈 수 있는 유일한 것은 그의 성품이다. 성경은 죽음 이후에 두 번째 기회가 있거나 또 다른 여러 즐거운 사건이 있을 수 있다는 주장을 절대로 보증하지 않는다. 성경에는 그러한 가르침이 없다. 한 사람의 출생과 죽음 사이의 기간은 하나님 앞에서 그 사람이 참인지 거짓인지를 가르는 시험 단계이다.

사람들은 그릇된 책들을 읽거나 또는 삐뚤어진 사람들과 관계를 맺으려는 경향이 있다. 우리는 "그 목사는 도무지 이해할 수 없는 말만 한다"는 말을 종종 듣는다. "성경은 참으로 좋은 내용이 담겨 있는데, 나는 이해할 수가 없다"는 말도 종종 듣는다. 하지만 당신의 이해 여부가 당신에게 유익을 주는 것이 아니라 참 교훈의 배후에 계신 하나님만이 당신에게 유익을 줄 수 있다.

만일 어떤 교훈이 하나님의 진리라면, 우리가 원하든 원치 않든 다시 그 교훈을 접하게 될 것이다. 우리가 모임에서 가장 소중하게 여기는 것은 말로 표현되는 것이 아니라 그 말이 가져오는 영적인 위로와 도움이다. 그러면 우리는 믿음 가운데 생각하기 시작한다. 우리는 우리가 다 파악할 수 없는 진리에서 가장 큰 유익을 얻는다. 만일 우리가 읽고 듣는 교훈이 하나님으로부터 온 진리라면 그 진리들은 열매로 나타날 것이다.

"사람의 마음이 닿는 곳은 그의 이성을 초월하는 곳이다."

우리가 듣고 읽는 것들은 우리의 이해를 넘어서야 한다. 그 교훈들은 씨앗처럼 우리 마음속에 생각을 심을 것이며, 그 생각은 천천히 그러나 분명하게 열매를 맺게 될 것이다. 이러한 권면은 십 대 청소년들에게 유익하다. 하나님께서 우리의 친구들을 선택하여 주시듯이 우리는 좋은 책들을 선택해야 한다. 우리는 자신의 한계를 약간 넘어서는 책들을 택할 때 그것들을 파악하기 위해 최선을 다하게 된다. 만일 우리 스스로 친구들을 택하도록 두면 우리는 맘대로 부려먹을 수 있는 친구들을 택할 것이다. 그러나 하나님께서 우리를 위해 택하여 주시는 친구들은 우리의 성품이 계속 자라날 수 있도록 돕는 도구가 된다.

인생에서 가장 중요한 본분

"사람이 하나님께서 그에게 주신 바 그 일평생에 먹고 마시며 해 아래에서 하는 모든 수고 중에서 낙을 보는 것이 선하고 아름다움을 내가 보았나니 그것이 그의 몫이로다 또한 어떤 사람에게든지 하나님이 재물과 부요를 그에게 주사 능히 누리게 하시며 제 몫을 받아 수고함으로 즐거워하게 하신 것은 하나님의 선물이라 그는 자기의 생명의 날을 깊이 생각하지 아니하리니 이는 하나님이 그의 마음에 기뻐하는 것으로 응답하심이니라"전 5:18-20.

이 구절들은 이 세상에서 사람의 본분이 무엇인지 예리하게 요약해놓았다. 만일 사람이 분노나 욕정이나 거짓 종교에 의해 일시적으로 정신 나간 사람이 되면 가장 먼저 나타나는 증상은 먹는 것을 멈추는 것이다. 분노하는 사람이 맛있게 음식을 먹는 경우는 없다. 만일 당신이 혈기를 잘 부리는 습관에 빠지면 당신은 조만간 신체적으로도 불안해져서 몸에 문제가 발생할 것이다. 이처럼 신체와 감정은 서로 긴밀히 연결되어 있다.

사람이 하나님과 바른 관계를 맺고 있는지 시험하는 방법은 먹고 마시는 것을 보면 안다. 솔로몬은 '사람이 먹고 마시는 것은 좋은 일이며 정상적인 것'이라고 말한다. 바울은 고기를 금하라고 가르치는 자들을 경계하라고 하였다.

"너희 앞에 차려 놓은 것은 무엇이든지 양심을 위하여 묻지 말고 먹으라"고전 10:27.

현실의 삶 가운데 하나님께 충성하라. 하나님께서 주신 복으로 마땅히 해야 할 일은 당신의 몫을 즐기는 것이다. 하나님이 주신 복을 비축하거나 챙기는 것은 당신의 삶에 위험 요소가 되며 덫이 된다.

솔로몬은 사람이 인생 가운데 취할 수 있는 모든 것을 가지고 있었다. 그는 자신의 욕구를 채울 수 있는 모든 수단을 지녔다. 그는 짐승과 같은 삶도 살아 보았고, 고상한 삶도 살아보았으며, 금욕주의적인 삶도 살아 보았고, 지적인 삶도 살아 보았다. 하지만 그는 이 모든 것 중에서 영원한 기쁨을 발견할 수 없었다고 말한다. 솔로몬은 이 땅에 사는 동안 오직 하나님과의 관계에서만 참된 기쁨을 발견할 수 있다고 강조한다.

당신은 이 땅의 흙에서 나왔고 흙으로 돌아갈 것이다. 흙은 사람을 구성하는 가장 특별한 요소인데, 이는 하나님의 영광이 우리의 몸을 통해 나타나기 때문이다. 그러므로 성경은 몸을 대단히 소중하게 여긴다. 이 부분에 대한 기독교의 가르침은 플라톤 철학의 영향 때문에 변질되었다. 플라톤 철학은 사람은 몸을 멸시해야만 도덕적이고 영적인 삶을 성장시킬 수 있다고 가르친다.

하지만 성경의 가르침은 다르다. 우리의 몸은 성령께서 거하시는 성전이며 하나님께서 땅의 먼지로 사람을 빚으신 사건은 사람의 수치가 아니라 영광이라고 말한다. 하나님께서 성육신하실 때, 그분은 천사의 속성을 취하시지 않고 사람의 몸을 입으셨다. 이는 사람의 몸이 이 땅에 하나님의 영광을 나타내는 통로임을 알려 준다. 물질적인 세계는 하나님의 빛과 투명하게 섞이게 될 것이다.

예수 그리스도는 먹고 마시기 위해 오셨다. 창세기부터 요한계시록까지 먹고 마시는 일과 일상생활에 수고하는 일들이 기록되어 있다. 이는 사람이 그러한 일들 가운데 생명과 하나님과의 바른 관계를 찾을 수 있음을 증명한다.

제 8 장

풀리지 않는 세상만사

전도서 6장

영혼이 더욱 맑아질수록 하나님은 더욱 멀리 보인다.
영혼이 더욱 높이 오를수록 하나님은 더 높이 계신다.
하지만 최고의 사탄 교만이 영혼 곁에 따라 올라
영혼의 높은 용기를 좌절시키고
멀리까지 보는 안목을 가로막는다.
그리고 영혼이 다시 더 높이 오르고자 할 때는
높이 오르는 것을 우상으로 만든다.
그러면 순수한 감정에서 나온 영혼의 지극한 헌신은
자기 자신의 뛰어남을 즐기는 얄팍한 감각으로 바뀐다.
이 얼마나 강한 속임수이며 이 얼마나 우리를 강력하게 만드는지!
오! 구하소서. 구하소서.

_매튜 아널드 Matthew Arnold, 1822-1888

만물의 바탕이 이성적이지 않다는 말은 사람이 이성적일 필요가 없다는 의미가 아니다. 이성주의는 이성으로 세상만사를 다 이해할 수 있으며 따라서 이성과 깨달음으로 풀 수 없는 문제는 이 세상에 없다는 사상이다. 하나님과 사람 사이의 단절에 의해 야기된 비극은 성경이 세상만사를 설명하는 바탕이지만 이성주의는 전혀 그 부분에 대해 관심을 갖지 않는다. 이성주의자에게 죄는 단지 단순한 결함이다. 결국 이성주의는 구속을 전혀 필요로 하지 않을 뿐만 아니라 단호하게 배제한다. 이성만으로는 이 세상의 바탕에 비극과 고통이 있다는 사실을 설명할 수 없다. 그러므로 우리는 이성으로 세상의 비극을 완벽하게 설명해 내든지 그렇지 않으면 성경이 지시하는 방법을 따라야 한다. 이 세상에는 그릇된 것이 있고, 그것은 오직 구속에 의해서만 바르게 될 수 있다.

성경의 지혜서들은 사실을 직면할 것을 강조하지만 우리를 절망으로 이끌지 않는다. 현실을 있는 그대로 직면하는 대부분의 책들은 심각한 비관주의 또는 완벽한 절망을 말한다. 하지만 솔로몬의 글들은 거칠고 흉한 현실을 노골적으로 언급하면서도 사람들로 하여금 흔들림이 없이 현실에 충성할 것을 권한다. 즉, 어떤 상황에서든지 특별한 소망이 흐르고 있다. 그렇다고 현실을 일부러 모르는 척하게 하거나 자신의 의무를 망각하고 그저 감성에 빠져 막연히 하나님의 호의를 기대하게 하지도 않는다.

소선지자들 역시 끔찍한 현실들에 대해 언급한다. 도처의 살육과 무서운 범죄들에 대해 말하며 멸망을 예언한다. 그들의 예언을 들으면 그 누구라도 절망하게 될 것이다. 하지만 그들은 아무리 상황이 악할지라도 결코 절망하지 않는 다. 즉, 언제나 변함없는 확신 가운데 소망을 잃지 않는다.

피할 수 없는 불행들 앞에서

"내가 해 아래에서 한 가지 불행한 일이 있는 것을 보았나니 이는 사람의 마음을 무겁게 하는 것이라 어떤 사람은 그의 영혼이 바라는 모든 소원에 부족함이 없어 재물과 부요와 존귀를 하나님께 받았으나 하나님께서 그가 그것을 누리도록 허락하지 아니하셨으므로 다른 사람이 누리나니 이것도 헛되어 악한 병이로다" 전 6:1-2.

사람은 모든 것을 취할 수 있다. 즉, 부귀와 명예와 건강과 많은 자녀들을 얻을 수 있다. 하지만 동시에 불치의 병도 걸릴 수 있다. 히브리 지혜는 인간의 한계를 넘어서는 불행한 사건들을 하나님의 영역으로 본다. 즉, 인간이 어쩔 수 없는 것이다. 성경에 등장하는 인물들은 인간의 한계를 벗어나는 불행에 대해 강력하게 질문한다. 그러나 그러한 일이 발생하면, 불평하거나 절망하는 대신 놀라울 정도로 그 상황을 직시한다. 인간의 한계를 넘어서는 어쩔 수 없는 사건들에 대해 사람은 답변할 수 없다. 사람이 그러한 사건들을 이해하려고 할 때 그것은 곧 덫이 된다.

어떤 사람이 큰 야망을 갖고 그 야망을 이루고자 노력하기 시작했다고 하자. 그런데 신체의 이상한 증상을 발견하고 의사를 찾았다. 그리고 불치의 병에 걸렸다는 진단을 받았다. 그때 그는 자신의 야망을 이룰 수 없다는 것을 알고 분개할지도 모른다. 하지만 그 순간 그가 용기를 내어 하나님께 모든 것을 맡기고 주님의 대답을 기다린다면 그 위험은 결코 그를 절망에 빠뜨릴 수 없다.

전쟁이 가져오는 비극 중 하나는 장래에 대한 절망으로 사람들이 폐인이 되어 가는 것이다. 현실을 그대로 직시하고 최악까지 그대로 받아들이면 비관주의자는 될지 몰라도 절대 절망에 빠지지는 않을 것이다. 최악의 현실을 그대로 받아들였으니 그 어떤 상황도 의연히 대처할 수 있기 때문이다. 소망은 현실을 직시하기 때문에 오는 것도 아니며 현실을 회피한다고 오는 것도 아니다. 오직 기질적으로 낙천주의자든지 믿음에 의해서 가질 수 있다.

우리는 모두 어쩔 수 없는 한계 상황을 지나게 된다. 그러한 상황들은 정해진 순서에 따라 오는 것이 아니다. 끔찍한 불구가 되거나 눈이 멀거나 귀머거리가 되는 등의 사건들은 사람들로 하여금 자신의 야망을 포기하게 만든다. 또한 선천적으로 불구로 태어나는 경우도 마찬가지이다. 하지만 위험이 찾아왔다고 해서 모두 자리에 누워 불평만 하며 쓸모없는 존재가 되는 것은 아니다. 어쩔 수 없는 한계 상황에 처할 때 제일 먼저 해야 할 일은 자신의 한계를 인정하고 그 상황을 받아들이는 것이다. 그러면서 그 상황이 우연히 발생한 것이 아니라 하나님의 허락하심에 의해 발생하였음을 인식해야 한다. 그런 다음 어쩔 수 없는 그 상황을 무시하지 말고 직시해야 한다.

이 땅에서 헬렌 켈러보다 더 비참한 불구의 삶을 살아간 사람이 있었을까? 우리의 한계를 넘어서는 위험이 찾아왔을 때 그 상황을 충분히 직시하지 못하면 우리는 그 상황으로 인해 하나님을 원망하기 쉽다. 하지만 우리가 알아야 하는 한 가지는 그 사건이 우리의 손에 달려 있지 않고 하나님의 손에 달려 있다는 사실이다. 이는 그 사건과 관련하여 어떤 또 다른 일이 발생할지 우리는 알 수 없다는 것이다. "그런 일이 내게 발생하지 않았더라면…"이라고 말하며 인생을 낭비하는 것은 어리석은 일이다. 이미 우리는 그 상황 가운데 있다. 그 상황에서 주님을 바라보자. 기독교의 실제적인 교훈은 예수 그리스도께서 우리의 모습 그대로 사용하신다는 사실이며 우리가 어느 곳에 있든지, 어떤 상황에 처하든지 하나님은 우리를 사용하신다는 것이다.

사람으로 사는 것

"사람이 비록 백 명의 자녀를 낳고 또 장수하여 사는 날이 많을지라도 그의 영혼은 그러한 행복으로 만족하지 못하고 또 그가 안장되지 못하면 나는 이르기를 낙태된 자가 그보다는 낫다 하나니"전 6:3.

히브리 개념에서는 사람이 죽은 후에 땅에 안장되지 못하는 것을 수치로 여겼다왕하 9:34-35. 오늘날은 이러한 개념과는 거리가 멀다.

솔로몬은 사람이 '상습적인 야만성'을 나타내서는 안 된다고 말한다. 즉, 자신의 삶이 어떠한 종류의 삶으로 기억될지를 조금도 고려치 않고 무작정 먹고 마시며 자녀를 낳고 재물을 쌓는 것을 경계하라고 한다. 사람에게는 오직 자신만을 위해 살다가 자신만을 위해 죽을 권리가 없다는 것이다. 솔로몬은 인간의 삶에 야만적인 요소가 있다는 점을 무시하지 않는다. 하지만 우리가 야만인이 되는 것과 야만성을 지니고 있는 것은 다른 것이다. 야만스러운 사람이 되는 것은 오직 자신의 욕구를 만족시키기 위해 사는 것으로 말도 안 되는 큰 죄악을 짓는 것이다시 73:3-9. 이러한 죄악에서 벗어나기 위해서는 우리에게 야만성도 있지만 그것을 다스릴 수 있는 능력도 있음을 아는 것이다. 솔로몬은 이를 인정하지 않으려는 자들에게 그것은 어리석은 행위이자, 신비주의적인 행위라고 말한다. 우리는 이를 인정하고 자신을 절제하라는 성경의 가르침을 따라 살아야 한다. 당신이 몸을 가지고 있다는 사실을 부인하지 말라. 그리고 동시에 당신은 당신 몸으로 하나님께서 요구하시는 삶을 살 수 있다는 사실을 기억하라.

솔로몬은 야만성을 지니고 있다가 마침내 짐승처럼 된 사람에 대해 말하고 있다.

"그래, 나는 짐승이다. 그러므로 나는 맘껏 내 욕정을 채우겠다. 나는 정욕에 빠져들어 헤어 나오지 않을 것이다."

솔로몬은 그러한 자들을 향해 "태어나지 않은 자가 그보다 낫다"고 말한다.

악행을 저지르는 것과 악인이 되는 것은 서로 다른 것이다. 예수 그리스도는 그 당시의 천민들을 보고 "너희는 너희 아비와 사탄에게 속한 자들이라"고 말씀하지 않으셨다. 하지만 바리새인들을 향해서는 그렇게 말씀하셨다요 8:44. 바리새인들은 짐승 같은 야수성을 감추고 위선의 탈을 쓰고 있었다. 하지만 당시에 살았던 바리새인들 중 훌륭한 사람도 몇몇 있었다. 니고데모, 다소의 사울 등이 그들이다. 예수님은 바리새인들에게 말씀하셨다.

"내가 진실로 너희에게 이르노니 세리들과 창녀들이 너희보다 먼저 하나님의 나라에 들어가리라"마 21:31.

자신의 악행에 대해 죄의식을 가진 자들은 악한 자들이 아니다. 우리는 우리 주께서 맹렬하게 대항했던 교만, 자아실현 등과 죄악들을 심각하게 여기지 않는 경향이 있다. 사람이 잘못을 인식하고 죄의식을 가지면 그는 그 즉시 구원의 가능성을 얻게 된다. 하지만 교만한 마음으로 자신의 권리를 주장하며 스스로를 의롭게 여기는 자는 스스로 하나님 역할을 하려고 한다.

정복할 수 없는 지겨움

"낙태된 자는 헛되이 왔다가 어두운 중에 가매 그의 이름이 어둠에 덮이니 햇빛도 보지 못하고 또 그것을 알지도 못하나 이가 그보다 더 평안함이라 그가 비록 천 년의 갑절을 산다 할지라도 행복을 보지 못하면 마침내 다 한 곳으로 돌아가는 것뿐이 아니냐 사람의 수고는 다 자기의 입을 위함이나 그 식욕은 채울 수 없느니라 지혜자가 우매자보다 나은 것이 무엇이냐 살아 있는 자들 앞에서 행할 줄을 아는 가난한 자에게는 무슨 유익이 있는가" 전 6:4-8.

솔로몬은 자신 및 타인을 위해 재물을 쌓는 자를 언급하지만 그를 칭찬하지는 않는다. 오늘날 우리는 삶의 안전 보장을 위한 보험과 재정을 왕좌에 앉혔다. 그러나 예수 그리스도께서 칭찬하신 유일한 행위가 '허비'였다는 점을 기억하면 참으로 놀랍다. 우리 주께서는 오직 한 가지 행위를 '좋았다'고 하셨는데 바로 베다니 마리아가 향유를 깨뜨려 주님의 머리에 부은 행위였다. 그 행위는 그녀의 의무도 아니었고 사람들에게 유익한 행위도 아니었다. 단지 예수님을 향한 헌신에서 우러나오는 행위였다. 예수께서는 그녀의 행위를 칭찬하시며 "온 천하에 어디서든지 이 복음이 전파되는 곳에서는 이 여자가 행한 일도 말하여 그를 기억하리라"마 26:13고 말씀하셨다.

삶의 목적은 축적이 아니다. 사람은 먹을 만큼 있으면 그것으로 족하다. 최선의 삶은 하나님을 신뢰하는 가운데 다 소모하는 삶이다. 사람은 땅을 경작하도록 지음을 받았으며 그 소산물을 먹고 몸이 영양분을 얻도록 되어 있다. 우리는 단지 존재하기 위해서 살아서는 안 된다. 이스라엘 백성이 필요한 양보다 더 많은 만나를 거두었을 때 그 만나는 썩어 고약한 냄새를 피웠다. 지금도 이 법칙은 유효하다.

히브리 지혜를 배우게 되면 우리가 얼마나 그 지혜에서 멀어졌으며 예수 그리스도의 교훈에서 멀리 떨어져 있는지 발견하게 된다. 우리 주께서는 사람은 주님과의 관계 외에는 그 어떤 것도 염려하지 말라고 하셨다. 스스로 그리스도인이라고 말하는 우리는 기독교의 가장 핵심이 되는 이 교훈으로부터 끔찍할 정도로 멀리 떨어져 있다.

심지어 주님의 교훈과는 정반대로 살아가는 자들도 있다. 또한 주님의 교훈이 아주 낯설게 느껴지는 사람도 있을 것이다. 대대로 문명화된 삶을 사는 인간들은 주님의 이 교훈을 거절하며 삶의 안정을 보장하는 재정적인 문제에 있어서 예수 그리스도의 간섭을 거부한다. 개인과 교회, 나아가 국가가 예수 그리스도의 교훈을 실천해보려고는 하지만 그것이 어렵다고 느끼는 순간 그 교훈을 버리거나 쉽게 타협한다.

"그러므로 염려하여 이르기를 무엇을 먹을까 무엇을 마실까 무엇을 입을까 하지 말라"마 6:31.

당신의 믿음을 하나님께 두라. 그리고 가장 가까운 의무부터 감당하면서 결과에 대해서는 신경 쓰지 말라. 과연 누가 자신의 모든 것을 예수 그리스도께 걸고 그분의 말씀을 따르려고 하겠는가? 우리는 말로는 그렇게 해야 한다고 하지만, 실제 삶에서는 실천하지 않는다. 우리는 그리스도의 말씀에 따르기보다 자신의 생각과 꾀를 따르는 삶을 강조한다. 우리의 삶에서 하나님을 뒷전으로 밀어내는 것이다. 예수 그리스도와 인격적인 언약을 맺을 때 우리의 삶은 어린아이의 삶처럼 단순함과 놀라움으로 가득하게 될 것이다.

정욕에서 벗어나 눈을 뜨다

"눈으로 보는 것이 마음으로 공상하는 것보다 나으나 이것도 헛되어 바람을 잡는 것이로다"전 6:9.

정욕은 단지 본능적인 부분에만 적용되는 것은 아니다. 정욕은 말 그대로 '결과가 어떻게 되든지 상관없이 지금 당장 그것을 가져야겠다'는 것을 의미한다. 이때 이러한 욕구는 본능적인 차원에서도 가능하지만 정신적 차원과 도덕적이며 영적인 차원에서도 가능하다. 어떤 차원이든 정욕은 하나님 안에서 그리스도와 함께 숨겨진 생명과는 전혀 관계없는 특성이다.

사랑은 정욕과 정반대이다. 사랑은 무한하게 기다릴 수 있다. 사랑은 "눈으로 보는 것이 마음정욕의 마음으로 공상방황하는 것보다 낫다"고 말하며 기다린다. 예수 그리스도께서 제일 먼저 하신 일은 사람의 눈을 열어 사실 그대로를 볼 수 있도록 하신 것이다. 그때까지 사람은 자신의 눈으로 보는 것에 만족하지 못한다. 그는 더 많은 것을 원하며 자신의 호기심을 자극하는 것은 뭐든 다 경험해야 하는 것이다. 방황하는 정욕은 그 욕구를 채울 대상을 찾을 때까지 쉬지 않고 타오른다. 마음도 정욕으로 가득 차고, 생각도 정욕으로 가득 차며, 눈도 정욕을 찾을 대상을 찾아 헤맨다. 하나님을 만나기 전까지 사람은 쉴 새 없이 정욕의 노예로 살아간다. 인간의 정욕은 무한한 만족을 요구하다가 인생의 멸망과 함께 그친다.

예수 그리스도는 "수고하고 무거운 짐 진 자들아 다 내게로 오라 내가 너희를 쉬게 하리라"마 11:28고 말씀하신다. 즉, 당신의 눈이 열리는 그 자리에 당신을 두시겠다는 뜻이다. 우리가 무엇을 보아야 하는지 예수 그리스도께서 하신 말씀을 유념하라. 그것은 다름 아닌 들꽃과 참새와 수풀이다. 어떤 사람이 그것에 마음을 쓰겠는가! 우리는 비행기와 탱크와 방공호 등에 마음을 두고 있지 않은가. 이러한 것들이 눈에 더 띄기 때문이다. 하나님의 구원을 얻을 때 가장 위대한 사실은 눈이 뜨인다는 것다. 눈이 뜨이면 그가 가장 먼저 보게 되는 것은 들꽃 속에 보이는 하나님의 손길이다. 그리고 그는 모든 것을 황량한 광야로 만들어 버리는 타오르는 정욕으로부터 자유하게 된다.

"그들의 눈이 가리어져서 그인 줄 알아보지 못하거늘 … 그들의 눈이 밝아져 그인 줄 알아 보더니 예수는 그들에게 보이지 아니하시는지라"눅 24:16,31.

사람들은 세상적인 기준으로 외모를 보지만, 그리스도인은 내면을 본다. 예수 그리스도는 제자들에게 "사람들이 인자를 누구라 하느냐"마 16:13라고 물으셨다. 제자들의 내면을 간파하는 질문이었다. 대부분의 사람들은 예수 그리스도를 단지 나사렛의 목수로 여겼다. 하지만 예수님은 우리에게 "너희는 나를 누구라 하느냐"고 물으신다.

"그러므로 우리가 이제부터는 어떤 사람도 육신을 따라 알지 아니하노라 비록 우리가 그리스도도 육신을 따라 알았으나 이제부터는 그같이 알지 아니하노라"고후 5:16.

예수 그리스도의 구원을 얻는 사람은 그의 인생에서 처음으로 눈이 열리는 경험을 한다. 참으로 놀라운 사건이다.

저 하늘은 한없이 청명하고
땅은 온통 향긋하고 푸르구나.
모든 색깔마다 생명이 깃들어 있으나
그리스도가 없는 눈은 아무것도 볼 수 없다네.
새들은 더욱 기쁘게 노래 부르고
꽃들은 더욱 아름답게 아름다움을 뽐낸다.
내 눈이 열려 만물을 보는 그날부터,
또한 지금처럼,
나는 주님의 것이며, 그분은 나의 것일세.

새로운 시작의 의미

"이미 있는 것은 무엇이든지 오래전부터 그의 이름이 이미 불린 바 되었으며 사람이 무엇인지도 이미 안 바 되었나니 자기보다 강한 자와는 능히 다툴 수 없느니라 헛된 것을 더하게 하는 많은 일들이 있나니 그것들이 사람에게 무슨 유익이 있으랴 헛된 생명의 모든 날을 그림자 같이 보내는 일평생에 사람에게 무엇이 낙인지를 누가 알며 그 후에 해 아래에서 무슨 일이 있을 것을 누가 능히 그에게 고하리요" 전 6:10-12.

히브리 지혜서는 창세기 1장에서 3장까지의 내용과 관련 있다. 세상의 복잡한 상황 가운데 한 사람을 제대로 평가하기 위해서 우리는 태초에 인간이 어떤 존재였는지를 기억해야 한다. 하나님은 자신의 형상을 따라 사람을 창조하시고 자녀 삼으셨다. 아담은 하늘에 있는 생명들과 땅 위의 생명들, 그리고 바다 속의 생명들을 다스릴 수 있는 권한을 가지고 있었다. 그러나 한 가지 조건이 있었다. 그것은 하나님께서 아담을 다스리는 것을 완벽하게 허락하는 것이었다. 인간은 영화롭게 변화될 때까지 자신의 생명 및 이 땅을 개발해야 했다. 하지만 인간은 자신을 <u>스스로 다스림으로써</u> 영화롭게 변화되기는커녕 도리어 죄를 불러들였다. 즉, 그는 스스로 '신'이 되었고 이로 인해 만물을 다스릴 권한을 잃었다. 현재 모든 만물이 처한 상황은 죄로 인한 것이다.

만일 우리가 성경을 이해하려면 스스로를 가장 지혜롭게 여기는 지독한 교만을 제거해야 한다. 우리는 근본적으로 삶이 무엇인지에 대한 예수 그리스도와 성경의 교훈에 머리만 끄덕거리는 교만한 자세를 버리고 그 교훈을 간절히 붙들어야 한다. 히브리 지혜는 무엇보다 중요한 것은 하나님을 향한 신뢰라고 교훈한다. 그 다음 중요한 것은 하나님께서 계획하신 것을 파괴시킨 죄와 그로 말미암은 인류의 끔찍한 한숨과 눈물을 목도하는 것이다.

현대의 지혜는 인간은 장차 위대한 유토피아를 이룰 것이라고 말한다. 만일 이것이 옳다면 십자가의 구속은 아무런 필요가 없으며 성경은 거짓으로 공교하게 지어진 소설과 다름없다. 하지만 성경의 세계관을 취할 때 비로소 죄로 인한 현실의 상황을 설명할 수 있게 된다.

제 9 장
그리스도인의 가치관
전도서 7:1-7

나는 우상을 너무 오래 사랑하였다.
우상 때문에 사람들에게 많은 죄악을 범하였고
잠깐 있다 사라질 영광을 내 인생의 모든 것으로 여겼으며
사람의 칭송을 나의 명예로 삼았다.
참으로 나는 자주 후회하였지만,
맑은 정신으로 하나님과 언약한 적이 없었다.
그러나 그날 그분과 언약을 맺은 이후 내 삶에 봄이 찾아왔고,
내 손에는 장미가 들렸다.
그 언약의 날은 내 삶의 모든 낡은 것들을 찢어 버리는 회개의 날이었다.

_ 오마르 하이얌

사람이 뭔가를 높이 칭찬할 때는 나름대로 그 가치를 평가한 후에 훌륭하다고 여기기 때문이다. 모든 것은 각각의 가치가 있고 그 가치를 지불하고 그것을 구입할 수 있다. 사람도 모두 각각 가치가 있으며 그 가치대로 자신을 팔 수 있다. 어떤 사람은 돼지 가격으로 싸게 팔린다. 즉, 뇌물에 자신의 삶을 팔거나 도덕적인 양심을 파는 때가 그러하다. 또한 영적인 안일함을 위해 거짓에 자신을 팔 때도 마찬가지이다. 하지만 우리 그리스도인들은 예수 그리스도의 보혈로 값을 치른 자들이다.

솔로몬은 모든 거짓을 흔들어 그 바닥을 드러낸다. 그는 인생의 참된 즐거움은 하나님과의 인격적인 관계에 달려 있다고 말한다. 욕망에 이끌려 살더라도 참 기쁨을 찾을 수 없고, 예술에서나 미학에서도 찾을 수 없으며, 남을 탄압하는 폭군이 되어서도, 압박받는 자가 되어서도 참 기쁨을 발견할 수 없다. 이 세상 역사 가운데 가장 지혜로웠던 솔로몬은 이 모든 것을 경험한 뒤 기쁨은 오직 하나님과 바른 관계를 맺을 때 우리가 무엇을 하든 그곳에서 발견된다고 결론지었다.

우리가 기억해야 할 가장 중요한 것은 어떤 사람의 글을 읽을 때 자신의 생각으로 그 글을 짜 맞추면 안 된다는 것이다. 우리는 글의 저자가 무엇을 말하려고 하는지를 찾아내야 한다. 편견을 가지고 글을 읽게 되면 결과적으로 저자의 의도를 놓치게 된다. 우리는 어떤 사람의 진술을 비판하기 전에 그가 말하는 바를 정확하게 알아야 한다. 그래서 그 말을 한 사람이 어떤 종류의 사람인지 발견할 수 있어야 한다. 만일 우리가 이러한 태도로 성경을 대한다면 더욱 뚜렷하게 성경이 말하려는 의미를 발견하게 될 것이다. 그리고 세속에 속한 우리가 기독교의 진리를 접하면서 그 진리를 입증하려면 먼저 세속으로부터 벗어나야 한다. 만일 세속적인 눈으로 성경을 대한다면 우리는 결코 성경의 참의미를 발견할 수 없게 될 것이다.

지혜로운 성품을 얻는 길

"좋은 이름이 좋은 기름보다 낫고 죽는 날이 출생하는 날보다 나으며" 전 7:1.

솔로몬은 명성보다는 성품이 중요하다고 말한다. 명성은 다른 사람들이 당신을 어떻게 생각하는지에 대한 것이다. 반면, 성품은 아무도 보지 않는 어두운 곳에서 당신이 누구인지를 말해준다. 사람의 성품이 드러나는 곳은 바로 그곳이다. 솔로몬은 인생 가운데 지혜로운 성품은 상처를 치유하는 가장 신선하고 부드러운 연고 같은 역할을 한다고 말한다.

신약에서 '이름'은 종종 '속성'을 의미한다.

"두세 사람이 내 이름으로 모인 곳에는 나도 그들 중에 있느니라"
마 18:20.

여기서 '내 이름'은 '나의 속성'을 의미한다. 선한 속성을 접하는 자들은 스스로 악하기로 결심하지 않는 한 선한 영향력 가운데 좀 더 나은 사람이 된다. 선한 속성을 가지고 있다는 것은 늘 성경 구절을 입에 달고 사는 종교적인 사람을 뜻하는 것이 아니다. 선한 속성을 지닌 사람은 자연스럽게 그 향기를 발한다. 그로 인해 우리가 선한 속성과 접하면 우리 마음이 자연스럽게 그 선한 속성 때문에 고양되는 것이다. 우리가 무엇을 얻었는지 말로는 뚜렷하게 표현할 수 없어도 마음이 넓어지면서 긴장과 압박이 사라지는 것을 느낀다. 즉, 상황을 바라보는 우리의 태도가 달라지는 것이다.

슬픔의 유익

"초상집에 가는 것이 잔칫집에 가는 것보다 나으니 모든 사람의 끝이 이와 같이 됨이라 산 자는 이것을 그의 마음에 둘지어다" 전 7:2.

솔로몬은 비참함 속에서 투덜거리며 사는 것이 잔치를 하며 즐겁게 사는 것보다 더 낫다고 말하는 것은 아니다. 그는 가장 참된 기쁨을 어떻게 찾을 수 있는지를 말하고 있다. 솔로몬은 참된 의미를 발견하려면 인생의 최악의 상태를 접해보아야 한다고 말한다. 히브리 지혜는 현실의 바탕에 비극이 있다는 사실을 분명하게 전하고 있다. 이 세상에서 인간의 상태는 원래의 영화로운 상태에서 벗어난 망가진 상태이다. 이 사실을 무시하는 것은 어리석은 것이다. 만일 당신이 인생의 바탕에 무엇이 있는지 알고자 한다면 잔칫집보다는 초상집에 가 보라. 그곳에서 죽음과 그보다 더 끔찍한 비극과 악의 가능성들을 볼 수 있을 것이다. 솔로몬은 우리에게 인생의 행복을 전혀 모르는 사람처럼 늘 초상집에서 살라고 말하는 것이 아니다. 삶의 근본이 무엇인지 늘 기억하며 껍질을 거두고 실제의 삶을 직시하라는 것이다. 이를 배우기 위해서는 잔칫집보다 초상집이 낫다는 것이다.

"사람에게 보이려고 금식하지 말라"마 6:18는 성경의 가르침처럼 만일 슬픔의 잔을 마셨다면 너무 심하게 슬픈 기색을 하지 말고 평상시처럼 지내라. 사람들로 하여금 당신이 어떤 슬픔의 잔을 마셨는지 나팔을 부는 일이 없도록 하라.

만약 화산 위에 집을 지으면 언젠가 끔찍한 재앙을 당할 것이다. 자연 세계에서 안전을 무시하면 우리는 그 대가를 치러야 한다. 화산이 잠시 그 움직임을 멈추고 있을지라도 창조주는 그 주변에 위험 신호를 두셨다. 그러나 사람들은 그 신호를 무시하고 화산 경사면에 포도원을 짓는다. 그러다가 용암이 분출하면 그들은 하나님을 원망하며 용암 분출을 허락하신 하나님이 잔인하다고 말한다.

어리석은 자는 인생의 바닥이 비극이라는 사실을 모른 채 인생을 산다. 솔로몬은 인생 바닥에 깔려 있는 비극을 마주할 때 비로소 인생이 무엇인지 올바른 견해를 가질 수 있다고 가르친다.

고난과 징계의 유익

"슬픔이 웃음보다 나음은 얼굴에 근심하는 것이 마음에 유익하기 때문이니라" 전 7:3.

'얼굴'은 '표정'보다 더 많은 뜻이 있다. 얼굴은 어떤 사람의 속성 전체를 드러낸다다시 42:5,11. "나는 그 일을 대면하지 않을 테야"라고 말하는 것은 자신의 표정으로 그 일을 싫어한다는 것을 나타내겠다는 의미가 아니라 내 삶을 그 일에 드리지 않겠다는 뜻이다. 삶의 바탕이 비극이라는 사실을 깨달은 사람은 모든 현실에 올바른 태도를 가지며 "너그럽게 용서하면서 여생을 살겠다"라고 말한다. 항상 기뻐하는 사람을 만나 보면 이미 그는 듣기만 해도 끔찍한 인생의 지옥을 통과한 사실을 발견하게 된다. 다른 사람들을 위해서 항상 풍성하게 베푸는 자들을 보면 자신의 경험을 무리하게 내세우지 않는다. 많은 사람들이 전쟁 중에 지옥의 계곡을 지나면서 하나님을 발견한다. 그들은 전쟁 가운데 모든 가면을 벗어던진 후에 삶의 바탕에는 비극이 있다는 사실을 직면한다. 그때 그들은 하나님을 대면하게 된다.

비천함의 의미

> "지혜자의 마음은 초상집에 있으되 우매한 자의 마음은 혼인집에 있느니라 지혜로운 사람의 책망을 듣는 것이 우매한 자들의 노래를 듣는 것보다 나으니라"전 7:4-5.

솔로몬은 사람이 지혜를 배우려면 초상집에 가야 한다고 말한다. 그곳에서 우리는 날카롭게 말하지 않을 것이며 할 말이 있어도 침묵하게 될 것이다. 만일 당신이 정든 친구가 관 속에 누워 있는 것을 보면 할 말을 잃을 것이다. 그 누구도 친구의 죽음 앞에서 아무런 생각 없이 죽은 친구를 비웃거나 힐난하지 못할 것이다.

초상집에 가서 친구의 죽음을 대하게 되면 세상만사에 대한 자세가 바뀌게 된다. 세상의 풍조를 따르는 비천한 자가 되지 말라. 하지만 심오하면서 동시에 비천함이 존재하는 종교가 바로 기독교이다. 슬프게도 현재 기독교의 가장 큰 약점은 너무 심오해지면서 비천함을 잃어 가는 것이다. 이 부분에 있어서 기독교는 예수 그리스도를 훈계할 정도로 고자세를 취하고 있다. 즉, 종교적으로 지나치게 고상하고 초월적인 면을 강조해서 그런지 먹고 마시고 즐거워하지 못하는 것이다. 그러나 예수 그리스도는 비천함과 심오함을 하나 되게 하셨음을 기억하라.

기독교 내에서는 일상적인 주제를 거의 다루지 않는다. 비천한 주제에 대해서는 말하지 않는 것이 큰 은사요, 성도의 직무라고 여긴다. 하지만 사람들로 하여금 심오한 생각만을 유도하며 쉬지 않고 심오한 주제를 끄집어내는 것은 상대를 모독하는 것이나 다름없다. 소위 종교적인 '심오한 대화'는 기독교의 본질을 변질시킨다.

솔로몬이 여기서 말하는 '비천함'은 인생의 바탕에 비극이 있다는 사실을 깨닫기를 거부하는 어리석음을 의미한다. 슬픔으로 마음이 무너진 친구에게 극장에 놀러 가라고 권하는 것은 어리석은 짓이다. 그는 극장과 같은 비천한 장소는 슬픔을 당한 자를 위한 장소가 아니라는 것을 알아야 한다. 우리는 예수 그리스도만이 슬픔을 치유하실 수 있는 유일한 분임을 알아야 한다. 현실을 직시하면서 인생의 바탕이 비극인 것을 알 때 지혜로운 마음을 가질 수 있다. 지혜를 지니게 될 때 비로소 어둠 가운데 있는 친구를 위로할 수 있는 자가 된다.

어리석음으로 지혜를 위축시키다

"우매한 자들의 웃음 소리는 솥 밑에서 가시나무가 타는 소리 같으니 이것도 헛되니라"전 7:6.

전문적인 광대를 직업으로 삼은 자의 삶은 오히려 가장 슬픈 삶이 될 수 있다. 종종 자신은 지독한 슬픔에 빠져 있으면서 다른 사람들에게 웃음을 주기 위해 광대 역할을 할 때가 있기 때문이다. 심지어 원래의 자신의 삶과는 다른 광대의 삶을 살게 되면서 삶의 지혜를 잃을 수 있다. 광대 역할을 지속적으로 하다 보면 자신도 모르게 그의 진짜 삶이 위축될지도 모른다.

만일 어떤 사람이 똑똑한 사람이라는 평가를 받게 되면 그는 그 평을 지키기 위해 매사에 똑똑하게 보이려고 애쓸 수도 있다. 하지만 그가 이처럼 누군가에게 보이기 위한 광대와 같은 삶을 살기 시작하면 그는 정작 자신에게 필요한 것들을 잃게 될 것이다. 즉, 그는 그에게 있는 가장 귀한 지혜를 위축시키게 된다. 이러한 사람이 자신이 누구인지를 발견하려면 하나님과 오래도록 깊은 교제를 나눠야 한다.

무엇이 진정 시대착오적인가?

> "탐욕이 지혜자를 우매하게 하고 뇌물이 사람의 명철을 망하게 하느니라" 전 7:7.

시대착오란 시대를 따르지 못하는 것을 의미한다. 하나님을 신뢰하며 인생을 살아온 지혜로운 자가 날렵하고 발 빠른 자들 틈에서 어리석은 자로 보일지도 모른다. '탐욕'에 물든 자들은 가장 지혜로운 자의 지혜를 어리석게 보기 때문이다. 탐욕에 물들면 다른 사람들을 비웃게 된다. 심지어 예수 그리스도마저 비웃는다. 하나님의 지혜는 세상 지혜가 볼 때 지독하게 어리석게 보인다. 그러나 하나님께서는 세상 지혜를 순식간에 어리석게 만드신다 고전 1:23-25. 만일 당신이 하나님께 충성하며 살다 보면 언젠가 탐욕에 물든 착취자들과 날렵하고 교활한 사람들을 만나게 될 것이다. 그들은 하나님을 경외하지 않고 자신들의 꾀를 사용한다. 그때 그들은 당신을 어리석은 자로 여길 것이다. 당신은 그리스도를 위해 어리석은 자로 보일 각오가 되어 있는가? 그리스도에 대해 아무것도 모르는 불신자들도 자신의 양심과 확신을 위해 고난당할 수 있다. 그러나 그리스도를 위해 당하는 고난은 그분과 인격적인 관계를 맺고 있기 때문에 당하는 고난을 뜻한다.

만일 당신이 하나님께 진실하게 서면, 당신은 불신자들 사이에서 바보로 보일 것이다. 그때 당신은 그 수모를 감당해야 한다. 예수님은 "누구든지 사람 앞에서 나를 시인하면 나도 하늘에 계신 내 아버지 앞에서 그를 시인할 것이요"마 10:32라고 말씀하셨다. 불신자들 사이에서 이러한 시험을 받을 때 당신은 누구에게 속하여 있으며 또한 가장 소중히 여기는 분이 누구인지 그들 앞에서 예수 그리스도를 고백해야 한다. 그렇지 않다면 당신은 복음을 부끄러워하는 것이다. 바울은 고백한다.

"내가 복음을 부끄러워하지 아니하노니"롬 1:16.

예수 그리스도를 시인하는 사람은 그 시인으로 인하여 무엇을 잃을지 잘 알고 있다. 그리스도를 시인하는 것은 주변 사람들을 부인하는 것과 같다. 하나님의 성령이 군중 가운데 어떤 사람을 사로잡아 하나님과의 관계를 시인하도록 하는 때가 있다. 그러면 그 사람은 자신의 명예 때문에 갈등할 수도 있다.

'나는 이 사람들과 다른 사람처럼 보이고 싶지 않아. 만일 내가 예수 그리스도를 이들 앞에서 시인한다면 나를 비정상적인 사람으로 여기고 따돌리겠지.'

많은 사람들이 예수님께 나아오기를 꺼리는 이유는 친구들이 그 길로 함께 가고 있지 않기 때문이다. 이러한 갈등은 사람을 중심으로 하는 명예심에서 온다. 그러나 이러한 명예심은 하나님과 바른 관계에 있는 것이 아니다.

제자의 삶은 자신의 명예가 아닌 예수 그리스도의 명예를 위해 사는 것이다. 당신에게는 친구들이 중요하겠지만, 내게는 당신의 친구들이 중요하지 않다. 당신 또한 내 친구들에 대해 개의치 않을 것이다. 자, 당신이 속한 무리에서 빠져나와 보라. 당신은 당장 그들이 당신에 대해 뭐라고 말하는지 알게 될 것이다.

당신이 하나님께 충성하는 길에 설 때 희생은 당신보다는 당신의 가족들, 그리고 주변사람들에게 주어진다.

> "무릇 내게 오는 자가 자기 부모와 처자와 형제와 자매와 더욱이 자기 목숨까지 미워하지 아니하면 능히 내 제자가 되지 못하고"눅 14:26.

예수 그리스도의 침투는 가정에 그대로 임한다. 예수님께서 하나님께 충성하실 때 예수님의 어머니와 친구들에게 어떤 희생이 따랐는지 생각해보라. 만일 예수님께서 자신에게 주어진 사명에 충성하지 않았다면 그의 어머니는 칼로 가슴을 찢는 고통을 겪지 않았을 것이다. 또한 그의 조국은 성령을 훼방하는 죄악에 빠지지 않았을 것이다. 우리가 하나님과 동행할 때 이 세상의 지혜는 우리야말로 시대를 거스르는 시대착오적 사람들이라고 여길 것이다. 이 시대에 맞지 않는 말과 행동을 한다고 손가락질을 당하게 될지도 모른다.

오늘날 일어나는 전쟁으로 인해 이러한 일들은 우리에게 한층 더 가까이 다가와 있다챔버스는 이 글을 제1차 세계대전 당시 이집트 자이툰에서 쓰고 있다-편집자주. 군에 입대하면 자신뿐만 아니라 자신에게 속한 자들도 희생을 각오해야 한다. 입대한 군인의 아내들과 부모들과 자녀들이 감당할 괴로움을 생각해보라. 전쟁은 조국을 위해 싸우러 나가는 사람들에게 끔찍한 희생을 요구한다. 그 누구도 왜 자신이 징병되는지 그 이유를 알 수 없다. '왕과 조국을 위해서'라는 구호는 희생의 이유를 설명하기에 너무 부족하다. 각 군인이 치르는 희생은 사람을 위한 것이 될 수 없고 하나님을 위한 것이 되어야 한다. 그래야 다윗이 베들레헴 우물에서 떠온 물을 주 앞에 부은 것처럼 그 생명을 주 앞에서 부을 수 있는 것이다삼하 23:14-17.

제 10 장

가치 있는 선택

전도서 7:8-12

현재의 슬픔 때문에 과거의 즐거움이 더욱 크게 보이는가?
현재의 비참함이 과거를 그립게 만드는가?
사람들은 먼 훗날에 과거를 영화롭게 한다.
과거에 전혀 없던 완벽한 영광의 별이
마치 존재했던 것처럼.

_ 알프레드 테니슨

살다 보면 슬픈 일이 있게 마련이다. 그때마다 사람들은 일반적으로 과거가 현재보다 훨씬 나았다고 말하든지 또는 미래에는 상황이 더욱 나아질 것이라고 말하는 경향이 있다. 그러면서 우리는 과거를 망각하고 마치 현재가 가장 열악한 상황인 것처럼 말한다.

삶이 원하는 대로 풀릴 때 사람들은 진리를 찾지 않는다. 국가도 마찬가지이다. 그러나 이 말에 수긍을 해도 삶의 밑바닥까지 내려가 본 적이 없다면 이 말의 진정한 의미를 알기 어려울 것이다. 삶의 바탕이 무엇인지 그 진리를 깨닫는 자들은 평범한 사람들과는 다른 특별한 삶의 체험과 함께 예외적인 사고를 하게 된다. 그러므로 솔로몬이나 셰익스피어와 같은 위대한 사상가들을 통해 삶을 배울 때 우리는 인생의 진리를 깨닫게 되는 것이다. 평범한 체험으로는 삶의 진리를 깨달을 수 없다.

대부분의 사람들은 깊은 사고를 하며 살지 않는다. 평범한 일상적인 삶을 살아가면서 인생의 근본에 대해 생각하기는 결코 쉽지 않다. 그러나 삶의 바탕을 흔드는 격변을 겪게 되면 인생은 이성으로 다 알 수 없다는 사실을 온몸으로 체험하게 된다. 그러면서 인생의 바탕은 논리적이지 않고 도리어 비극이라고 선포하는 성경이 진리라는 사실을 발견하게 되는 것이다. 가령, 오늘날의 전쟁은 성경의 주장이 옳다는 것을 입증하고 있다. 우리는 현실의 실제 상황을 그대로 접하는 가운데 우리의 삶을 하나님과의 인격적인 바탕 위에 세워야 한다.

인내가 교만보다 낫다

"일의 끝이 시작보다 낫고 참는 마음이 교만한 마음보다 나으니" 전 7:8.

이 말씀은 '끝에 가면 알게 된다'는 것이지 '목적이 수단을 정당화한다'는 뜻은 결코 아니다. 만일 짐승처럼 본성으로만 살면 인생의 끝에 당신은 자신이 엉망으로 살았다는 것을 알게 될 것이다. 만일 도덕적으로 바르게 살았다면 인생의 결말은 당신이 도덕적으로 올바르게 살았음을 나타낼 것이다. 어떤 결말을 맞는지는 무엇을 가치 있게 여기며 살았는지를 말해준다렘 29:11. 죽음에 의해 생을 마칠 때 당신의 인생은 무엇을 위해 살아왔는지 드러나게 될 것이다. 오직 하나님과 인격적인 관계 가운데 살아갈 때에만 당신의 인생은 당신이 올바른 생명의 비밀을 지니고 있었다는 사실을 입증한다.

아가서가 구약의 묵시록이라면 신약의 묵시록은 요한계시록이다. 예수님은 계시록에서 자신을 "처음과 나중"이라고 언급하셨다. 인간의 선택은 자신의 출생과 죽음 사이에서 주어진다. 인간의 처음과 나중은 하나님의 손에 있다. 하나님은 우리의 출생과 죽음을 정하신다. 그리고 그 가운데, 즉 인생이라는 제한된 시간 속에서 인간은 자신의 삶을 슬픔으로 또는 기쁨으로 채울 수 있다.

솔로몬은 우리에게 비록 주변에 탄압하는 자들과 독재자들이 있다고 해도 흔들리지 말라고 권한다. 이는 끝에 가서 모든 것이 드러나기 때문이다. 신앙은 자신에게 유익하며 그런 신앙생활에 만족한다고 말하지 말라. 누구든지 좋은 기질을 타고나서 평탄하게 자라나면 얼마든지 지적인 종교 형태로도 만족한 신앙생활을 할 수 있기 때문이다. 그러나 어떤 사람의 신앙이 참된 것인지를 시험하는 때는 그 사람이 원하는 대로 인생이 풀릴 때가 아니라 도리어 그가 예상하지 못했던 가장 열악한 일들을 겪을 때이다.

분별이 고집보다 낫다

"급한 마음으로 노를 발하지 말라 노는 우매한 자들의 품에 머무름이니라"전 7:9.

성경 전체를 통해 계속 강조되는 것이 '인내'이다. 한 사람의 인내는 세 가지에 의해 시험된다. 즉, 하나님, 자기 자신, 그리고 다른 사람들이다. 인내에 대한 적절한 예로 궁수가 들고 있는 활과 화살을 들 수 있다. 하나님은 현재 우리를 취하여 어떤 목적을 향해 겨누신다. 이때 하나님은 활과 화살의 허락을 받지 않고 아무 때나 활과 화살을 드신다. 즉, 하나님은 그의 손에 우리를 붙드시고 그분의 목적을 향해 겨누신다. 그리고 최대한 활을 당기신다. 마침내 활을 놓으면, 화살은 그분이 겨냥한 목표를 향해 그대로 날아간다. 당신의 영혼에 인내를 채우라. 결코 안달하지 않도록 하라.

성경은 사실을 언급한다. 그 언급이 진리인지는 각자의 삶을 통해 알아내야 한다. 잠시 인생이 순탄하게 진행될 수도 있다. 그러나 갑

자기 사랑하는 자들을 잃는 날이 오고, 위기가 닥치기도 한다. 실연을 겪기도 하고, 참사를 당하기도 하며, 사업이 망하기도 하고, 끔찍한 죄악을 겪기도 한다. 그때 우리는 성경 말씀이 정말 진리라는 것을 확인하면서 '왜 내가 전에는 이 말씀을 보지 못했을까?'라고 아쉬워한다. 당신이 인격성챔버스는 인격성(personality)이라는 특이한 용어를 사용하여 하나님의 형상대로 지어진 인간 내면의 신비한 영역을 표현한다-역주의 깊이를 깨닫지 못하면 인생을 합리적으로 살아가더라도 성경을 온전히 깨닫지 못할 것이다. 그러나 자신의 논리와 계산이 전혀 먹혀들지 않을 때 당신은 예수 그리스도의 말씀과 성경의 진술이 온전한 진리임을 발견하게 된다.

진리는 결코 지식의 문제가 아니라 도덕적인챔버스는 '도덕적'(moral)이라는 용어를 윤리적인 개념으로 이해하기보다 하나님 앞에서 인격적인 차원의 결단을 드리는 개념으로 보았다-역주 차원의 순종의 문제이다. 지식의 발전에 가장 큰 도움을 주는 것은 호기심이다. 그러나 도덕적인 문제에 있어서 호기심은 도리어 가증한 것이 된다. 도덕주의 철학은 "가서 스스로 찾아내라"고 말한다. 그러나 그 말을 듣고 그대로 따른다면, 그는 어리석은 자가 된다. 나는 인간의 도덕적인 능력이 얼마나 강한지에는 별 관심이 없다. 그리고 사람들에게 삶의 아름다운 감각을 망가뜨리고 싶지 않다면 도덕적인 호기심의 선상에서 아무것도 시도하지 말라고 권한다.

"선악을 알게 하는 나무의 열매는 먹지 말라 네가 먹는 날에는 반드시 죽으리라 하시니라" 창 2:17.

금단의 열매를 먹음으로써 악을 아는 것이 아니다. 만일 우리가 그 열매를 먹으면 죽게 된다. 어쩌다가 도덕적으로 잘못을 저질러도 당신은 다시 회복될 수 있다. 그러나 호기심을 채우기 위해 죄악의 세계에 들어간다면 반드시 망가지는 부분이 생길 것이다. 혹시 건강을 잃지는 않을지라도 무언가 아름다운 것을 잃게 될 것이다.

도덕적인 삶에 있어서 가장 중요한 것은 순종과 순복이다. 만일 당신이 영적인 진리를 원한다면 당신이 아는 가장 높은 이의 명령에 순종하라.

"사람이 하나님의 뜻을 행하려 하면 이 교훈이 하나님께로부터 왔는지 내가 스스로 말함인지 알리라" 요 7:17.

지식의 발전에 있어서 호기심은 중요한 역할을 한다. 그러나 도덕적인 삶을 살기 위해서는 순종이 가장 필요하다. 실제로 한 번이라도 자비를 베푸는 것이 도덕에 대해 50년 동안 공부하는 것보다 낫다. 도덕적인 진리는 결코 지식에 의해 닿을 수 없고, 오직 양심에 의해서만 닿을 수 있다. 예리한 지성과 도덕적인 순종을 겸비한 사람이 있다면 그 사람은 선과 진리가 어디에 있는지 하나씩 발견하게 될 것이다.

"노는 우매한 자들의 품에 머무른다"고 말하며 솔로몬은 분을 내며 격노하는 자는 우매한 자라고 경고한다. 그 이유는 분을 내면 또 다른 분노가 생기기 때문이다. 예를 들어, 아침에 일어나 투덜거리기 시작하면 어느새 계속 기분이 상하여 있는 자신을 발견할 것이다. 자신의 마음과 혀를 다스릴 줄 아는 자는 지혜롭다. 그는 무력으로 도시를 정복한 자보다 더 나은 사람이다.

분별은 고집보다 낫다. 사람들은 완고함과 강한 의지를 종종 혼동하는데, 이 둘은 서로 다르다. 완고한 사람은 지식이 없어서 분별력이 없는 반면, 강한 의지를 가진 사람은 어떤 일에 대해 여러 고민과 자문을 거쳐 바르게 분별하며 바른 결정을 내리는 데 주력한다. 그런 뒤 자신의 결정에 만족하고 그 결정을 강한 의지로 이루어 낸다.

완고한 사람은 늘 '고집불통'이다. 우리는 결정을 쉽게 하는 경향이 있다. 그러나 바른 결정을 할 때는 시간이 걸린다. 그 이유는 모든 사건에는 좀 더 고려해야 할 여러 면이 있기 때문이다. 만일 당신이 고집불통이 아니라 강한 의지의 차원에서 결정을 내렸다면 그 결정에 의심이 생길 때 계속 고집하지 않게 된다. 분별없이 자기 의견만을 고집하는 것은 완고함의 표출이며 동시에 도덕적으로 연약하다는 표시이다. 완고한 고집쟁이를 강한 의지를 가진 사람으로 오해해서는 안 된다.

완고함은 버릇없는 아이들의 특징이기도 하다. 의지는 천성적인 것이 아니라 어떤 대상을 향해 전폭적으로 온 마음을 다하는 인격적 행위이다. 솔로몬은 격노하는 자는 의지가 약한 자이며 우매한 자라고 지적한다. 만일 어떤 사람이 고집불통이라면 그는 이미 분별력을 잃었다. 당장 분별이 되는 일들도 있지만 그렇지 않은 일들도 있다.

노는 언제나 잘못된 것을 감추려는 경향이 있다. 당신이 그릇된 행동을 했고 당신 외에는 아무도 그 잘못을 모른다고 하자. 그런데 어떤 사람이 다른 문제를 들어 당신을 비난한다고 하자. 그때 당신은 실제 잘못이 드러나지 않은 것을 다행스럽게 여기면서 마치 아무런 잘못이 없는 사람처럼 떳떳하게 항변하며 노를 발한다. 이처럼 노를 발한다는 것은 어딘가 약점과 우매함이 있다는 뜻이다. 결코 고집불통이 되지 말라. 우매한 자가 되기 싫다면 결코 급한 마음으로 노를 발하지 말라.

현재가 과거보다 중요하다

"옛날이 오늘보다 나은 것이 어찜이냐 하지 말라 이렇게 묻는 것은 지혜가 아니니라" 전 7:10.

전쟁이 시작될 때 소위 기독교라는 종교는 주로 회상의 생활 방식을 이어갔다. 당신이 좋게 생각하는 교단을 마음에 떠올려 보라. 과연 그 교단은 교세보다 참으로 예수 그리스도를 닮은 가족 공동체를 세우는 것을 목표로 삼고 있는가? 아니면 어떤 특별한 교리와 교세 확장을 목표로 삼고 있는가? 전쟁의 위기가 임하자 종교는 위기를 극복하는데 아무런 효력을 나타내지 못하였다. 반면에 개별적으로 신앙을 지켜온 자들은 그들의 힘을 발휘했다. 이 땅에서 참된 소금의 역할을 하는 그리스도인이 있다. 그러나 외부로 비치는 기독교는 위기 상황에 무력함을 여실히 드러냈다.

과거를 회상하는 열정이 온 사방을 휘어잡으며 과거의 풍습을 고집하게 한다. 아무런 개혁도 없이 단지 현실의 실패를 바라보며 과거만 그리워하고 있다. 통탄스러운 현상이다. 고통의 시대 가운데 위선자들은 외친다.

"오, 찬란하게 빛나던 과거의 날들이여!"

현실은 힘들고 어렵지만, 사실 과거보다 훨씬 열악한 것은 아니다. 당신이 서 있는 자리에 굳건히 서서 과거의 그 어느 때보다 현재를 더 낫게 만들라. 모든 일을 하나님과의 관계 속에서 다루며 앞으로 나아가라. 그러면 당신은 어느새 그 어느 때보다 무한하게 더 좋은 현재의 삶을 살아가게 될 것이다.

현재는 과거보다 낫다. 우리는 과거의 유산을 딛고 서서 앞으로 나아갈 수 있기 때문이다. 솔로몬은 인류의 진화를 말하는 것이 아니라 단지 사실을 언급하고 있다.

이 세상의 지혜와 지혜의 세계

"지혜는 유산 같이 아름답고 햇빛을 보는 자에게 유익이 되도다 지혜의 그늘 아래에 있음은 돈의 그늘 아래에 있음과 같으나, 지혜에 관한 지식이 더 유익함은 지혜가 그 지혜 있는 자를 살리기 때문이니라"전 7:11-12.

많은 사람들이 이렇게 말한다.

"지혜는 유산 같이 아름답다. 그러나 지혜와 유산이 함께 한다면 더할 나위 없이 유익하다. 지혜에 대해 말하는 것은 언제나 좋은 것이다. 그러나 가장 좋은 것은 지혜와 유산을 다 갖고 그것을 알맞게 사용하는 것이다."

하지만 솔로몬은 타협은 자기 자신을 속이는 것이라고 말한다. 어떤 사람이 돈을 벌기 위해 정직하다면 그는 진실로 정직한 것이 아니다.

"너희가 하나님과 재물을 겸하여 섬기지 못하느니라"마 6:24.

사람들은 하나님은 보이지 않기 때문에 하나님과 재물을 함께 섬길 수 있다고 말한다. 그러나 이것은 진리가 아니다. 간교한 속임수를 사용할수록 당신은 예수 그리스도의 교훈을 터무니없는 교훈으로 믿게 될 것이다. 그러나 과감하게 하나님의 말씀 그대로 믿고 따르면 당신은 주의 말씀이 진리라는 것을 늘 발견하게 될 것이다. 지혜의 세계는 모든 것을 하나님께 두고 그 결과에 대해 관여하지 않는다. "그리스도를 위해 바른 삶을 살기를 결심하라"는 말들은 무성하지만 아무도 그렇게 살 수 없다. 사람이 해야 할 일은 온 마음을 다해 자신을 예수 그리스도께 맡기는 것이다.

우리는 지독할 정도로 뻔뻔스럽게 하나님 앞에서 "싫습니다. 저는 당신의 말씀을 신뢰할 수 없습니다. 저는 당신이 요구하는 그러한 삶을 살 수 없습니다"라고 말한다. 당신은 예수 그리스도의 영예를 위해 모든 것을 걸 각오가 되어 있는가?

아무리 노력해도 빠져나올 수 없는 어려움에 봉착하게 되는 순간 사람들은 예수 그리스도께 나아가게 된다. 그때 그는 다시 일어설 힘과 구원을 얻는다. 예수 그리스도의 영광에 당신의 모든 것을 걸라. 강한 반석 위에 서라.

당신의 신앙생활에 불만이 생기는 이유는 하나님 앞에서 "말씀하신 대로 행하지 않겠습니다. 제가 주님을 신뢰할 것이라고 기대하지 마십시오"라고 말하며 순종하지 않기 때문이다. 하지만 당신은 불순종의 결과에 대한 책임을 져야 한다.

"그들이 믿지 않음으로 말미암아 거기서 많은 능력을 행하지 아니하시니라"마 13:58.

만일 예수 그리스도께서 당신을 위해 놀라운 일들을 행하지 않으셨다면, 이는 당신이 그분의 능력을 믿지 않았거나 그분이 능력을 행하시는 것을 원하지 않았기 때문이다. 말로는 "네, 그럼요. 저는 예수 그리스도께서 성령을 제게 주실 것을 믿습니다"라고 하지만 그분이 성령을 주실 것에 대해 아무런 준비를 하지 않으며, 주님께서 내게 성령을 보내시는 것을 원하지도 않는다.

당신은 예수님께서 말씀하신 그대로 새롭게 출발하겠는가? 만일 예수님의 말씀에 따라 새로운 항해를 시작한다면, 당신은 어느새 하나님은 그분의 말씀처럼 선하시다는 사실을 체험하게 될 것이다.

반드시 해야 할 일을 먼저 택하라. 지나온 과거의 다리를 불태워 돌아갈 수 없도록 만들라. 그리고 앞으로 나아가라. 솔로몬의 조언은 참으로 지혜롭다.

"너는 마음을 다하여 여호와를 신뢰하고 네 명철을 의지하지 말라"잠 3:5.

지나온 다리를 불태우지 않고 남겨두는 것은 우리 자신의 명철을 의지하는 것이다.

제 11 장

산 정상에서 다시 보는 인생

전도서 7:13-22

활동을 시작해야 하는 때는 산 정상에 오른 이후이다. 당신은 산 정상에서 자신의 편견과 개인적인 생각을 다 파묻어야 한다. 그 이후에 활동할 수 있다.

어쩔 수 없는 일과 이룰 수 있는 일

"하나님께서 행하시는 일을 보라 하나님께서 굽게 하신 것을 누가 능히 곧게 하겠느냐"전 7:13.

모든 구약의 선지자들과 신약의 사도들은 '어쩔 수 없는 일'과 '이룰 수 있는 일'을 구분한다. 어쩔 수 없는 일은 사람에게 책임이 없다. 예를 들어, 우리는 우리가 언제 태어나고 언제 죽을지 정할 수 없다. 출생과 죽음은 어쩔 수 없는 일이다. 인생은 이 두 가지 사건을 바탕으로 두고 있다. 그러므로 우리는 인생의 기간 동안 우리가 이룰 수 있는 일을 해야 한다. 만일 복음을 가르칠 때 어쩔 수 없는 일과 이룰 수 있는 일의 차이를 구별하지 않고 가르친다면 많은 혼란을 빚을 것이다.

산 정상에 오를 때, 사람들은 이전에 보지 못했던 것들을 보게 된다. 그렇게 헤아릴 수 없는 일들을 만나게 되면서 사람들은 갈팡질팡하게 된다. 그러면서 이제 내 삶 속에서 무엇을 해야 할지 의문을 가진다. 이때 해야 하는 일은 하나님이 하신 일에 바탕을 두고 자신이 이룰 수 있는 일을 찾아내는 것이다.

자신의 영혼을 구속할 수 있는 사람은 아무도 없다. 또한 새로운 유전 형질을 스스로 취할 수도 없다. 그것은 하나님의 주권적인 사역이기 때문이다. 구속은 하나님의 '몫'이기 때문에 인간이 구속과 관련해서 할 수 있는 일은 아무것도 없다. 그러나 하나님은 사람에게 선한 성품을 줄 수는 없다. 그것은 인간이 어쩔 수 없는 하나님의 일이 아니라 인간이 이룰 수 있는 일이다.

하나님은 가령, 완전한 새로운 형질 같은 우리 스스로 취할 수 없는 것을 우리에게 주신다눅 11:13. 하나님은 그분의 아들의 성향, 즉 성령을 구하는 모든 자에게 넣어 주신다. 그리고 그 성향을 받은 사람은 삶 가운데 그분의 거룩한 성품을 이루어야 한다.

"두렵고 떨림으로 너희 구원을 이루라 너희 안에서 행하시는 이는 하나님이시니"엡 2:12-13.

욥기를 다룰 때 우주 안에는 하나님의 굴절이 있다고 언급한 바 있다.

"하나님께서 현재의 물리적인 세계 안에서 자신을 나타내실 때 우리의 이성에는 이상하게 그분이 굴절되어 보인다. 우리는 하나님을 이해할 수 없다. 하나님은 이 세상에 굽은 것들을 허락하신다. 굽은 것들은 인간의 이성적인 사고와 일치하지 않는다. … 만일 당신이 하나님께 대한 예수 그리스도의 가르침을 붙들고 현실 그대로 보면 당신은 온 우주가 하나님을 굴절하고 있다는 말이 무슨 뜻인지 알게 될 것이다. 예수 그리스도께서 계시하시는 하나님은 자연적인 세상과는 분명하게 모순된다."「오스왈드 챔버스의 욥기」

오늘날 일어나는 사건들을 하나님을 향한 믿음과 연결하여 쉽게 설명할 수 있는 사람이 어디 있는가? 욥기는 고통당하는 자와 그 고통을 허락하신 하나님의 이야기를 담고 있다. 신학적으로 하나님은 공의하고 자비하신 분이지만, 현실을 보면 모든 일이 그분의 공의와 사랑에서 노골적으로 어긋나 보인다. 그렇게 굴절된 하나님을 믿기보다는 차라리 무신론자가 되는 것이 상식에 맞다. 솔로몬은 만일 우리가 선과 공의를 지식의 선상에서 설명하려고 하면 우리는 곧 굴절을 발견할 것이라고 말한다.

이 세상에는 무언가 잘못된 것이 있다. 그러나 그러한 굴절은 인간이 어쩔 수 없는 또 다른 사건, 즉 하나님의 아들이 나타나는 사건이 발생할 때까지 회복될 수 없다. 이 세상에서 우리가 해야 할 한 가지는 아무리 세상이 굴절되어 보일지라도 하나님께 믿음을 두고, 도덕적으로 이룰 수 있는 일들을 행하는 것이다. 인간이 어쩔 수 없는 영역, 곧 하나님이 행하시는 일들을 바라보면서 이 세상의 수수께끼를 풀려고 노력하지 말라.

주시는 대로 받으라

"형통한 날에는 기뻐하고 곤고한 날에는 되돌아 보아라 이 두 가지를 하나님이 병행하게 하사 사람이 그의 장래 일을 능히 헤아려 알지 못하게 하셨느니라"전 7:14.

그가 정직한 사람인지를 확인하는 방법은 슬픈 일과 즐거운 일을 만날 때 어떻게 행동하는지를 보는 것이다. 본성에 정직한 자는 즐거움과 슬픔이 그대로 표현된다. 오늘날 학교에서 아이들은 행동을 제약하는 금욕을 배운다. 금욕을 배우면 외적으로는 바람직한 모습의 아이로 비칠 수도 있다. 하지만 내면은 결코 그렇지 않다. 하나님과 올바른 관계를 맺을 때에만 사람의 내면이 변할 수 있기 때문이다.

외적인 행동을 제약하는 금욕 훈련은 실제적인 마음의 변화 없이 그저 겉모습만 변한 척하는 것이다. 슬픈 척하고 기쁜 척하는 것은 어렵지 않다. 하지만 모든 실제 상황에서 현실을 그대로 인정하며 자연적으로 하나님께 변함없이 충성하는 것은 어렵다. 삶의 슬픈 면만 다루거나 즐거운 면만 다루는 일이 없도록 하라. 그 두 가지를 함께 다루라. 우리가 그리스도 예수 안에 있는 우리를 향한 하나님의 목적을 받아들일 때, 우리는 "모든 것이 합력하여 선을 이루는"롬 8:28 경험을 하게 된다.

즐거울 때 즐거워하라. 슬플 때는 슬퍼하라. 하나님께서 주신 단 잔을 쓴 잔으로 만들지 마라. 또 쓴 잔을 단 잔으로 만들지 마라. 하나님께서 주시는 대로 받으라. 우리가 배우기 힘든 가장 어려운 교훈 중 하나는 섣부른 간섭을 내려놓는 것이다.

"나는 그 사람이 고통당하는 것을 가만히 보고만 있지 않겠어."

사람들 중에는 하나님께서 고통을 허락하셔야만 배우는 자들이 있다. 하나님께서 그러한 자들을 교훈하실 때 섣불리 그들을 돕겠다고 간섭하는 자가 있으면 하나님은 그 사람의 목을 잡아서 끌어내실 것이다. 자녀를 사랑하는 부모는 자녀를 위해 혼을 낼 때가 있다. 그때 다른 사람이 와서 그 자녀를 위한다며 부모에게 대든다면 어떠하겠는가? 이렇듯 참 사랑은 잘못된 길로 향하는 자녀에게 고통을 주는 것으로 표현된다.

뒤돌아보지 말라

"내 허무한 날을 사는 동안 내가 그 모든 일을 살펴 보았더니 자기의 의로움에도 불구하고 멸망하는 의인이 있고 자기의 악행에도 불구하고 장수하는 악인이 있으니"전 7:15.

의심을 갖는 것이 악한 것은 아니다. 다윗 역시 하나님의 기준을 의심한 적이 있다.

"내가 내 마음을 깨끗하게 하며 내 손을 씻어 무죄하다 한 것이 실로 헛되도다 나는 종일 재난을 당하며 아침마다 징벌을 받았도다" 시 73:13-14.

예수 그리스도의 삶을 하나님의 기준이 아닌 다른 기준으로 평가한다면 그 삶은 실패의 극치이다.

"맡은 자들에게 구할 것은 충성이니라"고전 4:2.

하나님의 사람들이 추구해야 하는 것은 하나님을 향한 충성이지 성공이 아니다. 이 세상에서 기대가 클수록 우리는 그 결말에 더욱 실망하게 된다.

"만일 우리가 선하면 이 땅에서 복을 받을 것이다."

이러한 수학적인 계산은 영적인 영역에서는 통하지 않는다. 만일 어떤 사람이 참으로 훌륭하고도 바른 삶을 살고 높은 수준의 교육을 받았다면 우리는 그가 반드시 성공할 것이라고 말할 것이다. 하지만 삼손을 보라. 삼손보다 더 찬란한 시작을 한 사람은 없다. 하지만 그는 가장 비참한 최후를 맞이했다. 인생에는 우리가 되돌릴 수 없는 것과 실망스러운 일들이 있다. 이러한 일들은 이성적으로는 잘 이해할 수 없지만 하나님과의 관계점에서 볼 때 이해가 된다.

하나님께 충성하라. 어떤 것들은 회복될 수 없다는 사실을 기억하라. 과거로 돌아갈 수 있는 길은 없다. 오직 하나님께서 구속을 바탕으로 우리의 과거를 치유하실 뿐이다. 누가 과거로 돌아갈 수 있는가? 논리와 이성은 공간과 시간의 제약을 받는다. 곧 공간과 시간을 초월하는 것들은 인간의 이성과 논리를 벗어나는 것이다. 인간은 하나님, 성령, 그리고 기도 등에 대해 온전히 알지 못한다. 이성적으로 볼 때 기도는 전혀 논리적이지 않다. 기도는 가장 초이성적인 활동이기 때문이다.

오늘날 벌어지는 세계 전쟁은 온 인류에게 패망을 가져왔다. 사람들은 불구가 되었고, 삶의 야망을 이룰 수 없는 쓸모없는 존재가 되었다. 삶의 절망을 통과한 자들 중에 하나님을 믿지 않는 자들을 보기 힘들다. 하나님을 믿지 않는다고 말하는 자들은 보통 다른 사람들이 고난을 당하는 것은 보았지만 정작 자신은 고난을 경험하지 않는 자들이다. 인생의 고통에는 말로 표현할 수 없는 어떤 보상이 있다. 물론 그 보상은 외적으로는 보이지 않는다.

건강한 내면의 성찰

"지나치게 의인이 되지도 말며 지나치게 지혜자도 되지 말라 어찌하여 스스로 패망하게 하겠느냐" 전 7:16.

솔로몬은 무엇이든 지나친 것을 경계하라고 말한다. 광적인 사람이 되지 말라. 당신에게는 당신에게 맡겨진 실제 삶이 있다는 사실을 기억하라. 광신자는 하나님의 작정을 알지만 하나님의 허용하시는 뜻에 대해 지독하게 무지하다. 영적으로 광적인 사람은 현실의 삶을 무시한다. 그들은 "예수 그리스도는 천국에서는 결혼이 없다고 하였으니, 이 땅에 결혼이 있어서는 안 된다"고 주장한다. 이는 광적으로 한쪽으로 치우친 생각이다.

만일 당신이 광적으로 자기 자신을 성찰한다면 인생을 제대로 살 수 없게 될 것이다. 물론 인생을 살다 보면 자기 성찰이 필요한 때가 있다. 하지만 자기 성찰이 도를 넘어서면 그 사람은 비정상적으로 예민한 사람이 되어 지독하게 자만하게 되거나 혹은 지독하게 자신을 학대하는 사람이 된다. 광적인 자기 성찰은 자기애에 빠진 결과이거나 혹은 기질에 의한 결과이다.

어떤 사람이 자기애에 빠지면 그는 내면의 신성한 영역에 몰입하며 이 땅의 평범한 활동이 자신에게 부적절하다고 느낀다. 영적으로도 마찬가지이다. 어떤 사람이 하나님을 알게 되면, 그는 자신이 이 땅에서 살아야 하는 존재임을 망각하는 경향이 있다. 솔로몬은 우리에게 주어진 인생 가운데 타협하는 사람이 되거나 광적인 종교인이 되지 말고 늘 하나님 앞에서 평범한 삶을 살라고 권면한다.

현실로부터 자신을 분리시키고 오직 지적으로만 인생을 말하는 자들이 있다. 지식으로 인생을 말하는 것은 쉽다. 지식에 사로잡힌 사람은 자신의 지식으로 사람들을 파악하고 요약한다. 그러면서 다른 사람들을 업신여긴다. 하지만 사람은 그의 지식보다 훨씬 위대하다.

신비주의자들과 지식에 얽매인 사람들은 다른 사람들을 업신여기는 성향이 강하다. 그러나 다른 사람들을 향해 그러한 교만한 태도를 취할 자격이 있는 사람은 아무도 없다. 스스로 심오한 자인 척하며 사람을 대할 때 그를 자신의 마음속 어떤 카테고리에 집어넣고 판단하거나 종교적으로 어떤 부류라고 단정하는 것은 스스로 '참 사람'이 되는 것을 포기한 행동이다.

균형 잡힌 인생

"지나치게 악인이 되지도 말며 지나치게 우매한 자도 되지 말라 어찌하여 기한 전에 죽으려고 하느냐"전 7:17.

내면 성찰을 극단적으로 거부하며 "나는 내가 원하는 대로 살겠다"는 식의 자세를 지니지 말라. 올바른 태도는 그 둘 사이에서 균형을 유지하는 것이다.

그리스도의 성육신 사건에서 우리는 완전한 신성과 완전한 인성이 온전하게 연합하는 것을 본다. 오직 신성만을 말하는 것이 얼핏 고상한 생활 방식같이 보이지만 그것은 지적 자만일 뿐이며 인간의 실제 삶에서는 아무런 가치가 없다. 전능하고 불가해해서 우리가 인식할 수조차 없는 존재는 우리에게 아무런 의미가 없다.

하나님이 사람이 되실 때, 우리는 흙과 신성의 온전한 하나 됨과 인간의 몸을 통해 드러나는 신성을 보게 된다. 즉, 성육신 사건은 예수 그리스도께서 우리 인간을 위해 무엇인가를 하실 수 있다는 것을 알려 준다. 사람은 하나님이 될 수 없으며, 또한 순수한 흙 그 자체도 아니다. 사람은 하나님의 형상과 흙의 결합체이다. 흙과 신성이 힘든 과정을 통해 연합된 것이 사람이다. 인생이 균형을 지니려면 흙과 신성, 이 두 가지 형태가 함께 나타나야 한다.

경고와 저주

"너는 이것도 잡으며 저것에서도 네 손을 놓지 아니하는 것이 좋으니 하나님을 경외하는 자는 이 모든 일에서 벗어날 것임이니라"
전 7:18.

광적으로 종교적인 사람이 되지도 말고 신앙과 무관한 뻔뻔한 사람도 되지 말라. 이 두 가지 극단은 피해야 한다. 대신 올바른 균형을 이루어야 한다. 만일 당신의 신앙이 당신을 더 나은 사람으로 만들지 못한다면 그 종교는 부패한 종교이다.

참 종교를 다음 네 가지 영역에서 시험해볼 수 있다. 음식, 돈, 성, 그리고 땅이다. 이러한 것들을 어떻게 다루는지를 보면 그 종교가 하나님과 정상적인 관계를 맺고 있는지 그렇지 않은지 알 수 있다. 잘못된 종교는 이 네 가지 영역을 무시하거나 남용한다. 하나님께서는 흙으로 사람을 지으셨다. 흙은 하나님에 의해 쓰이던지 또는 사탄에게 쓰인다.

우리는 죽은 시체가 아니라 몸 안에서 붉은 피가 흐르는 거룩한 '사람'이며 완전하게 거룩해질 수 있는 존재이다. 또한 동시에 의지나 생각이 없는 지렁이 같은 피조물이 아니라 얼마든지 스스로 악해질 수 있는 능력을 가진 존재들이다. 예수 그리스도께서 의도하신 인류는 남성과 여성의 구별이 없는 단성 인류가 아니라 거룩한 남성과 여성으로 구성되는 인류이다.

"돈을 사랑함이 일만 악의 뿌리가 되나니"딤전 6:10.

돈은 한 사람의 신앙이 참인지 거짓인지를 구별하는 도구가 된다. 하나님의 자녀라면 하나님이 주신 것들, 즉 땅을 올바른 수단으로 사용할 줄 알게 된다. 그리스도인은 하나님과의 인격적인 관계 속에서 모든 만물과 상황에 대해 올바른 태도를 취하는 자이다.

지혜 vs 무력

"지혜가 지혜자를 성읍 가운데에 있는 열 명의 권력자들보다 더 능력이 있게 하느니라"전 7:19.
"노하기를 더디하는 자는 용사보다 낫고 자기의 마음을 다스리는 자는 성을 빼앗는 자보다 나으니라"잠 16:32.

지혜로 무장한 사람이 무력으로 성읍을 지키는 자보다 더 귀하다. 오늘날 전쟁 중에 벌어지는 캠페인들은 '발명'이 얼마나 중요한지를 강조하고 있다. 뛰어난 발명품 하나가 힘센 군인 수백 명이 피를 흘리는 것보다 더 많은 효력을 나타내기 때문이다. 역사 가운데 위대한 지도자들과 장군들은 반드시 육체적으로 힘이 센 것은 아니었다. 건강한 몸을 가졌기 때문에 반드시 뛰어난 마음을 갖는 것은 아니다. 뛰어난 지혜를 가진 자들 중에 불구의 몸을 가진 자들도 많다. 반면 가장 사악한 마음을 가진 자들 중에 강인한 체력을 가진 자들도 많다.

흠 없는 것과 인위적인 것

"선을 행하고 전혀 죄를 범하지 아니하는 의인은 세상에 없기 때문이로다"전 7:20.

'흠이 없다'는 것은 죄를 지을 가능성이 희박하다는 뜻이다. "예수 그리스도는 죄가 없으셨다"는 말을 그분은 유혹을 받을 수 없는 존재였다고 오해해서는 안 된다. 현재 이러한 그릇된 사고가 기독교 내부에 깊게 파고들었다. 만일 그 주장이 옳다면 주께서 받은 광야 시험은 그저 우스갯소리에 지나지 않을 것이다.

예수 그리스도께서도 시험을 받을 수 있으셨을까? 당연히 그렇다. 유혹을 받는 것과 죄를 짓는 것은 전혀 다른 것이기 때문이다.

"모든 일에 우리와 똑같이 시험을 받으신 이로되 죄는 없으시니라"히 4:15.

아무리 선한 사람이라도 완벽하게 흠이 없을 수는 없다. 즉, 절대로 죄를 짓는 것이 불가능한 위치에 선 사람은 없다. 사람이 거듭나면 죄를 짓지 않을 수는 있지만, 죄를 짓는 것이 불가능한 자리까지 이른 것은 결코 아니다.

"하나님께로부터 난 자마다 죄를 짓지 아니하나니 이는 하나님의 씨가 그의 속에 거함이요 그도 범죄하지 못하는 것은 하나님께로부터 났음이라"요일 3:9.

하나님의 생명이 우리 안에서 태어나면, 그 생명은 우리 안에서 죄를 지을 수 없다. 이 말의 의미는 '우리'가 죄를 지을 수 없게 된다는 뜻이 아니라 우리가 우리 안에 있는 하나님의 생명에게 순종하면 죄를 지을 필요가 없게 된다는 뜻이다.

최고의 사람도 단지 '사람'일 뿐이다. 사람을 자랑하지 말라. 나는 바울에게 속하였고 나는 아볼로에게 속하였다고 말하지 말라. 사람을 의지하지 말고 오직 하나님을 의지하라. 만일 인간이 저주받은 자들이 아니라면 구원이란 아무런 가치가 없다. 만일 우리가 사탄을 택할 수 있는 권한이 없다면 하나님을 택할 수 있는 권한도 없는 것이다. 사람이 얼마나 깊게 타락할 수 있는지 곧 그가 얼마나 높게 오를 수 있는지를 묻는 것과 같다. 덕은 내면의 투쟁에서 이겨 얻은 결과이지 저절로 생기는 것이 아니다.

비방과 말다툼

"또한 사람들이 하는 모든 말에 네 마음을 두지 말라 그리하면 네 종이 너를 저주하는 것을 듣지 아니하리라 너도 가끔 사람을 저주하였다는 것을 네 마음도 알고 있느니라"전 7:21-22.
"너희가 비판하는 그 비판으로 너희가 비판을 받을 것이요 너희가 헤아리는 그 헤아림으로 너희가 헤아림을 받을 것이니라"마 7:2.

이것은 불변의 법칙이다.
"나는 누구누구가 나를 비판한 것을 분명히 알고 있다."
글쎄, 그렇다면 당신은 그 사람에 대해 어떤 말들을 해왔는지 지난날들을 잘 살펴보라. 당신이 상대를 헤아리는 그 헤아림으로 그들 역시 당신을 헤아릴 것이다. 물론 상대가 반드시 동일 인물은 아닐 것이다. '가는 말이 고와야 오는 말이 고운 것'은 실제 삶에서 적용되는 불변의 법칙이다. 솔로몬은 우리에게 너무 많은 말을 하지 말라고 권면한다. 만일 남들에 대해 많은 말을 하면 다른 사람들도 당신에 대해 많은 말을 하게 될 것이다. 다른 사람들의 일에 참견하는 자가 되지 말라. 험담은 실제로 확인해보면 진실과 어긋난 때가 많다.

또한 듣기만 하고 말을 하지 않는 사람이 위험한 사람일 때도 있다. 추문을 퍼뜨리는 자도 악하지만, 듣고도 그것을 바로잡지 않는 자가 더 악할 수도 있다. 거짓말은 단지 '부정확함'을 의미하는 것이 아니다. 악의를 가지고 말하는 '사실' 역시 거짓의 마음에서 비롯되기 때문에 거짓말이다. 어떤 사람에 대해 정확한 사실을 말할 수 있지만, 그 말이 거짓이 될 수 있는 것은 그릇된 의도를 전달하기 때문이다.

솔로몬은 우리에게 말을 많이 하지 말라고 경고한다. 그 이유는 당신이 하는 말을 다른 사람들이 듣고 다 전할 것이기 때문이다.

제 12 장

삶의 가시

전도서 7:23-29

> 오, 인생이여! 왜 그들은 나를 더 깊이 묻지 않았을까?
> 내가 곤히 잠들지 못하도록 험한 무덤에 묻은 것이
> 그들이 베푸는 친절일까?
> 나는 어쩌면 아직 완전하게 죽은 것이 아닐지도 모르지.
> 그렇다면 나는 아직 완전하게 무감각할 수 없겠지.
> 나는 내 머리 위에 얹힌 계단들을 향해 외칠 것일세.
> 누군가 친절한 마음을 가진 자가 반드시 와서
> 나를 더 깊게, 나를 더 깊게 묻을 것이라고.
>
> _ 알프레드 테니슨

성경은 인간과 사탄이 꾸며낼 수 있는 최악의 비극을 다룬다. 오늘날 사람들은 이 사실을 망각하고 있다. 그리스도의 속량은 그저 도덕적인 흠을 씻는 '화장실'로 여겨져 왔다. 솔로몬과 셰익스피어, 입센과 같은 사람은 삶의 포장을 거두어 낸 채 세상만사의 바탕을 본다. (대부분의 사람은 지독한 근시이든지 아니면 너무 멀리 떨어져 있기 때문에 만사의 바탕에 무엇이 있는지 알지 못한다.) 하지만 그리스도인인 우리 역시 그리스도의 구속이 끔찍한 이 세상의 비극을 어떻게 다루는지 발견할 수 있다.

전쟁이 발발한 뒤 성경을 통해 인생의 근원을 아는 자들은 결코 흔들리지 않았다. 그러나 무언가 잘될 것이라며 인생의 바탕이 끔찍한 비극이라는 사실을 인정하지 않던 자들은 크게 흔들렸다. 결과적으로 맥이 빠진 그들은 기도 모임을 가지며 함께 찬송하고 탄식하지만 그들은 절망으로 축 늘어진 상태에서 도무지 일어서지 못한다. 이는 대단히 비성경적인 태도이다.

우리의 신앙생활은 삶의 비극을 다루지 않았던 종교 지도자들에 의해 세워졌다. 하지만 솔로몬의 지적처럼 우리는 문명의 삶을 통해 인생의 바탕에 비극이 있다는 사실을 접하게 되었다. 교육과 문화, 사회와 정부는 끝없이 부패한 인간의 영혼을 위해 아무것도 할 수 없다. 화려하고 값비싼 고층 건물에 살아도 끝없이 부패한 인간의 마음에서는 오늘도 비극이 일어나고 있다. 모든 세상만사의 저변에는 무질서와 혼란이 있다. 그러나 이 사실을 아는 자는 거의 없다. 그러기에 인생과 세상만사의 바탕이 비극이라는 사실을 알고 그 토대 위에서 사고하는 것은 절대적으로 중요하다.

마음의 계획과 마음의 질병

"내가 이 모든 것을 지혜로 시험하며 스스로 이르기를 내가 지혜자가 되리라 하였으나 지혜가 나를 멀리 하였도다 이미 있는 것은 멀고 또 깊고 깊도다 누가 능히 통달하랴"전 7:23-24.

솔로몬은 온 마음을 다해 세상만사의 이치를 깨달은 뒤 가장 뛰어난 지혜를 따라 살고자 하였다. 하지만 그는 "지혜가 나를 멀리 하였도다"라고 고백한다. 그는 좋은 환경에서 자라 종교적으로도 열심인 한 소년이 자신의 이상이 실현될 수 없다는 사실을 발견할 때 어떤 체험을 하는지 발견하였다. 그 어느 때보다 십 대 시절에 가장 분명하게 보며 가장 순수한 꿈을 꾸고 가장 높은 생각을 한다. 그런데 그는 자신의 이상이 실현될 수 없음을 알고 심각한 갈등을 겪는다.

'아! 현실 속에서는 나의 이상에 이를 수 없구나! 또한 그 기준을 낮출 수도 없구나. 내가 꿈꾸던 이상적인 삶은 교육에 의해 이루어질 수 없구나.'

소년의 이상은 오직 예수 그리스도께서 말씀하신 방법 안에서만 이루어질 수 있다.

"수고하고 무거운 짐 진 자들아 다 내게로 오라 내가 너희를 쉬게 하리라"마 11:28.

즉, 예수님은 사람의 이상과 현실을 하나 되게 하신다. 이상이 현실로 될 수 있는 유일한 길은 우리가 예수 그리스도를 통해 하나님과 인격적인 관계를 맺는 것이다.

솔로몬은 모든 왕 중에 가장 지혜롭고 가장 부요하였다. 하지만 그는 자신의 마음이 부패재앙했기 때문에 철저하게 무너졌다고 고백한다왕상 8:38. 바로 그것이 모든 사람이 솔로몬에게 반드시 배워야 할 가장 중요한 교훈이다. 처음부터 예수 그리스도께서 마음에 대해 내리시는 진단을 받을 준비가 되어 있는 사람은 없다.

"속에서 곧 사람의 마음에서 나오는 것은 악한 생각 곧 음란과 도둑질과 살인과 간음과 탐욕과 악독과 속임과 음탕과 질투와 비방과 교만과 우매함이니 이 모든 악한 것이 다 속에서 나와서 사람을 더럽게 하느니라"막 7:21-23.

인간을 진단하는 데 있어서 우리는 무지에서 비롯된 어리석은 판단을 더욱 신뢰한다. 따라서 사람들은 인생 가운데 어떤 절망에 이르기까지는 인간의 마음이 참으로 악하다는 그리스도의 진단을 믿지 않는다. 그리스도의 진단에 화를 내면서 "내 마음속에 그러한 악한 것들이 있다는 것을 나는 믿지 않아"라고 말하기도 한다. 즉, 우리는 인간의 마음에 대해 가장 완벽하게 아시는 창조주의 진단을 거부하는 것이다.

우리가 우리 자신을 예수 그리스도께 전적으로 의탁하면 그분의 보호하심으로 인해 더 이상 무서운 죄악들을 저지를 가능성에 대해 염려할 필요가 없게 된다. 그러나 자신의 지혜를 의지하며 살다 보면 우리도 갑작스럽게 살인, 간음과 같은 끔찍한 범죄를 저지를 수 있다. 이는 모든 인류가 경험하는 가장 무섭고 수치스럽고 파괴적인 사실이다. 우리는 자신의 순전함을 굳게 믿고 확신하지만, 많은 사람들이 천국 문이 닫히는 소리를 들은 후에야 죄악으로 지친 삶을 이끌고 예수 그리스도께로 나아왔음을 기억하자. 왜 그들이 예수님께로 나아왔을까? 예수 그리스도는 죄악과 비참에 빠진 모든 사람을 구원하실 수 있다. 하나님은 죄에 빠져 허우적거리는 자를 구원하신다. 그렇다고 죄악에 빠져 비참의 자리까지 갈 필요는 없다. 그러나 누구든지 그 자리에 떨어질 수 있으며 우리도 예외는 아니다.

우리는 "어떻게 그 사람이 그런 끔찍한 죄악을 저지를 수 있단 말인가!" 하며 깜짝 놀라곤 한다. 그러나 그 끔찍한 죄악 역시 당신과 나와 다를 바 없는 인간에 의해 저질러진 것이다. 어쩌면 우리는 단지 겁이 나서, 또는 고상함 때문에 그러한 죄악을 저지를 기회가 없었을지도 모른다.

악을 저지르지 않았다고 해서 그 사람을 선하다고 말할 수 있는 것은 아니다. 인간의 마음 저변에는 악이 자리 잡고 있기 때문이다. 오늘날 우리는 '순결이 불가능한 시대'라는 말을 듣는다. 만일 우리가 짐승이 되기를 원한다면 순결을 원하지 않을 것이다. 그러나 거룩하고 올바른 성품이 불가능한 것은 아니다. 문제는 단지 우리의 마음이 거룩함과 의로움을 원하지 않는 것이다.

교육은 인간의 마음의 질병을 다룰 수 없다. 그 어떤 다짐과 맹세도 마음의 재앙을 고칠 수 없다. 마음의 재앙을 다루실 수 있는 유일한 분은 하나님이시며, 우리는 예수 그리스도의 진단을 믿고 받아들인 후에 성령을 받음으로 하나님과 인격적인 관계를 맺을 수 있다. 그때 마음의 재앙 문제를 해결받을 수 있다.

행복을 추구하면서

"내가 돌이켜 전심으로 지혜와 명철을 살피고 연구하여 악한 것이 얼마나 어리석은 것이요 어리석은 것이 얼마나 미친 것인 줄을 알고자 하였더니"전 7:25.

솔로몬은 삶의 진정한 즐거움이 어디에 있는지 알아내려고 모든 노력을 하였다. 짐승 같은 삶에 있는지, 또는 지식을 쌓는 삶에 있는지, 미학에 있는지, 권력에 있는지, 교육을 받으면 있는지, 무식하면 되는지 …. 그는 모든 길을 친히 다녀 보았다. 그러면서 내린 결론이 인간은 이 세상에서 진정한 즐거움을 찾을 수 없다는 것이었다. 진정한 즐거움은 하나님과의 인격적인 관계를 얻을 수 있기 때문이다.

이성주의는 결코 인생을 이해할 수 없다. 이성은 현실 가운데 삶을 인도하는 도구일 뿐 이성이 현실을 설명할 수는 없다. 우리는 기독교적인 사고를 거의 하지 않는다. 우리는 6일 동안은 이방인들처럼 생각하고 오직 주일 하루만 그리스도인으로서 생각하도록 교육받았다. 따라서 우리는 중대한 순간조차도 이방인처럼 사고하고 행동한다. 우리에게 종교는 허상에 지나지 않는 것이다. 우리의 사고는 히브리 지혜에 서 있지도 않고 하나님을 믿는 믿음에 서 있지도 않다. 도리어 실제 삶과는 동떨어진 그리스 지혜에 그 근본을 둔다. 그리고 그리스 지혜를 바탕으로 사고하면서 사람이 무엇이 잘못인지를 알면 그 일을 하지 않을 것이라고 확신하며 말한다. 그것은 착각이다. 우리의 마음은 재앙에 빠져 있는 상태에서 하나님의 은혜 없이는 벗어나지 못할 것이다. 우리는 무엇이 옳은지 알면서도 그 옳은 것을 죽도록 원하지 않으며 행하지도 않는다! 그러므로 우리가 분명히 알아야 하는 것은 어떻게 '나의 소욕'을 바꿀 수 있으며 또한 옳은 것을 행할 '능력'을 어디서 얻을 수 있는가이다. 교육은 '나의 소욕'을 결코 바꿀 수 없다. 인간들이 세운 높은 이상도 그것을 바꿀 수 없으며, 맹세와 결심 역시 마찬가지이다. 바로 이것이 인간들의 문제를 다루는 데 있어서 가장 근본적인 부분이며 인류가 가장 큰 실수를 한 부분이다.

오직 사람이 하나님의 성령을 받아 위로부터 거듭날 때만이 '나의 소욕'을 바꿀 수 있다. 하나님은 인간이 잘못된 길을 택할 수 있는 역량을 제거하지 않으신다. 따라서 사람은 얼마든지 스스로 잘못된 길을 택하며 나아갈 수 있다. 만일 인간에게서 그 역량을 제거해버리면 우리의 선택은 아무런 의미가 없게 된다.

우리는 구속을 바탕으로 마음의 재앙을 다룰 수 있다. 마음속 재앙은 교육이나 이성으로 해결되는 것이 아니라 성령에 의한 그리스도의 구속을 통해서만 해결될 수 있다.

사랑과 정욕의 차이

"마음은 올무와 그물 같고 손은 포승 같은 여인은 사망보다 더 쓰다는 사실을 내가 알아내었도다 그러므로 하나님을 기쁘게 하는 자는 그 여인을 피하려니와 죄인은 그 여인에게 붙잡히리로다"전 7:26.

남녀 관계는 매우 왜곡되어 표현되어 왔다. 성경은 남자와 여자가 동등하다는 사실을 계시하기보다 그 둘이 하나라는 사실을 계시한다.

"하나님이 사람을 창조하실 때에 하나님의 모양대로 지으시되 남자와 여자를 창조하셨고 그들이 창조되던 날에 하나님이 그들에게 복을 주시고 그들의 이름을 사람이라 일컬으셨더라"창 5:1-2.

남자는 통치권을 자기 손아귀에 휘어잡고 인류 가운데 죄를 끌어들였다. 이에 하나님께서는 여자를 통해 구속자가 인류에게 찾아와야 한다고 말씀하셨다창 3:15-16. 예수 그리스도의 어머니는 처녀였다. 구속자는 남자가 아니라 여자를 '통해서' 오신 것이다.

여자는 남자보다 더 내려갈 수 있는 반면, 또한 더 높이 오를 수 있다. 하나님과 바른 관계를 맺고 있지 않은 여인은 '사탄'이 된다. 즉, 복수에 차 있는 여성의 태도를 취한다. 이러한 여성으로 인해 여러 인생이 끔찍한 비극을 경험한다. 네 가지, 즉 성과 돈과 음식과 땅은 사람에 따라 어떤 사람을 왕과 여왕으로 만들기도 하고, 그 반대로 어떤 사람을 욕정에 찬 짐승과 복수에 찬 '사탄'으로 만들기도 한다.

솔로몬이 묘사하는 이러한 종류의 여자에게 걸려든 젊은이는 죽음의 날까지 복수의 덩굴에 걸려 있는 자신의 모습을 발견할 것이다. 오직 하나님만이 구속에 의해 복수의 덩굴에서 그를 구하실 수 있다. 그렇지 않으면 그의 영혼을 감싸고 있는 족쇄는 결코 끊어지지 않을 것이며, 그 족쇄를 끊는 것은 여전히 불가능할 것이다. 솔로몬이 언급하는 끔찍한 공포와 올무는 지금 이 시대에 계속 존재한다. 사방에서 일어나는 도덕적인 음행으로 인한 인과응보는 솔로몬의 권면이 정확히 옳다는 사실을 입증한다.

포승줄 같은 여인의 손에서 벗어나는 유일한 길은 하나님을 기쁘시게 하는 방법밖에 없다. 만일 어떤 남자가 그의 삶 가운데서 이러한 여인과 관계를 맺었다면 그가 살아날 수 있는 유일한 길은 토끼처럼 신속하게 도망쳐 하나님께로 달려가는 것이다. 사람은 음행을 멈출 수는 있어도, 이미 저지른 음행의 죄악으로 인한 인과응보에서는 벗어날 수 없다. 무의식의 세계 속에서 음행의 죄악으로 인한 죄책감이 늘 그를 따라다닐 것이다. 이러한 상태에서 그를 자유롭게 해줄 수 있는 것은 맹세도 아니고 교육도 아니고 망각도 아니다. 오직 하나님을 즐겁게 할 때 그는 자유를 얻는다. 즉, 자신의 삶을 예수 그리스도께 온전하게 드릴 때 구원이 임한다.

여기서 솔로몬은 여성을 '속되게' 말하려는 것이 아니라 하나님과 연결이 끊어진 인류에게 임한 죄의 결과 중에 여성에게 나타난 결과를 언급하는 것이다. 즉, 여성이 하나님과 연결되지 않으면 죄의 결과가 더욱 참혹해짐을 알려 준다. 당신을 하나님께로 더욱 가까이 나아가게 하는 사람도 여성이다. 신앙의 어머니, 신앙의 아내 또는 연인은 당신을 더욱 더 가까이 하나님께로 나아가게 한다. 그러나 만일 당신의 여인이 하나님과 무관한 자라면 참으로 많은 죄의 결과들이 나타날 것이다! 선한 주님의 구원이 임할 때 당신은 그 여인의 포승의 손에서 벗어날 수 있다.

하나님의 다스림에서 벗어난 여인의 죄악은 그 어떤 남자도 해결할 수 없다. 여인의 성품은 그녀가 누구와 가장 중요한 인격적인 관계를 맺는지에 따라 달라진다. 만일 어떤 여인이 하나님과 가장 중요한 인격적인 관계를 맺는다면 그녀의 삶 전체가 하나님을 위한 헌신의 제물이 될 것이다. 그렇지 않다면, 그녀의 삶은 얼마든지 사탄을 위한 제물이 될 수도 있다.

성경은 여성의 원래 특성은 하나님의 도구로 쓰임받기 위해 의도된 것임을 계시한다. 그러나 여성의 특성이 음란을 향한다면 이 땅에서 그 여인을 참아 낼 수 있는 남자는 없다. 여성에게는 남성과는 달리 분명하게 보이지 않는 상황에서도 저변을 볼 수 있는 용량이 있다. 이에 여성은 남자보다 더 낮게 떨어질 수 있고 남자보다 더 높게 오를 수 있다.

사랑에 빠진 남성과 여성이 하나님의 존전 앞에 나아가면 더 깊이 있는 신앙을 자연스럽게 갖게 된다. 사랑, 즉 상대를 가장 귀하게 여기는 마음이 일어나면서 그 두 사람은 보금자리에 돌아온 비둘기처럼 하나님의 품으로 나아간다. 젊은 청년이 연인을 위해 간절하게 기도하는 것은 위선이 아니다. 그는 자연스럽게 사랑하는 여인을 위해 기도하게 되며 그에게 사랑은 그의 삶에 가장 멋진 목표가 된다.

여기에 사랑과 정욕의 차이가 있다. 사랑은 기다리면서 끝없이 사모할 수 있지만, 정욕은 당장 원하는 것을 취해야만 직성이 풀린다. 가장 아름다운 것이 가장 무서운 지옥불이 될 수 있다.

온전한 관계의 비결

"전도자가 이르되 보라 내가 낱낱이 살펴 그 이치를 연구하여 이것을 깨달았노라 내 마음이 계속 찾아 보았으나 아직도 찾지 못한 것이 이것이라 천 사람 가운데서 한 사람을 내가 찾았으나 이 모든 사람들 중에서 여자는 한 사람도 찾지 못하였느니라"전 7:27-28.

솔로몬은 여성에게 환멸을 느끼며 이런 말을 하는 것이 아니다. 그는 히브리 지혜로 만사를 본다. 즉, 여성에게 가장 좋은 상대는 하나님의 사람이다. 만일 어떤 여인이 그러한 남자를 찾지 못한다면, 그 여인은 마음이 찢어지든지 혹은 원한에 찬 사탄이 될 수도 있다. 이 세상의 남성과 여성의 관계는 늘 배신이 있어 왔다.

결혼에 대한 바울의 권면을 오해하는 자들이 있다.

"아내들이여 자기 남편에게 복종하기를 주께 하듯 하라"엡 5:22.

여기서 '복종'은 노예가 주인에게 하는 그러한 복종을 뜻하지 않는다. 또는 열등한 자가 우등한 자에게, 낮은 자가 높은 자에게 하는 복종도 아니다. 여기서의 복종은 동등한 인격체 사이의 사랑으로 인한 순종이다. 신약에서 '순종'은 동등한 인격체의 관계에서 나타난다.

"그가 아들이시면서도 받으신 고난으로 순종함을 배워서"히 5:8. "이는 남편이 아내의 머리 됨이 그리스도께서 교회의 머리 됨과 같음이니 그가 바로 몸의 구주시니라"엡 5:23.

만일 그리스도가 남편의 머리라면, 남편은 별다른 수고 없이 자연스럽게 아내의 머리가 된다. 이는 아내가 본성적으로 돕는 자의 특성이 있기 때문이다. 그러나 만일 예수 그리스도가 남편의 머리가 아니라면 그 남편은 아내의 머리가 될 수 없다.

우리 주께서는 언제나 인간의 가장 거룩한 관계에 깊은 관심을 나타내신다. 주께서는 당신이 주님과 먼저 온전한 관계를 맺어야 다른 사람들과도 온전한 관계를 맺을 수 있다고 말씀하신다. 그리고 만일 다른 사람들과의 관계가 주님과의 바른 관계를 방해한다면 그러한 관계를 미워하라고 하신다눅 14:26.

부패한 마음이 일으킨 빗나간 호기심

"내가 깨달은 것은 오직 이것이라 곧 하나님은 사람을 정직하게 지으셨으나 사람이 많은 꾀들을 낸 것이니라"전 7:29.

성경은 하나님께서 아담을 자기의 형상에 따라 인류의 머리로 지으셨다고 증언한다. 하나님의 형상에 따라 지음받은 또 다른 존재는 예수 그리스도, 즉 둘째 아담이다. 아담은 선악을 알게 하는 나무의 실과를 먹음으로 악을 적극적으로 알게 되었고, 선에 대해서는 소극적으로 알게 되었다. 그러나 둘째 아담은 선을 적극적으로 앎으로써 악에 대해서는 소극적으로 알게 되었다.

사람이 하나님의 성령으로 거듭나면 선을 적극적으로 알고 행하므로 소극적으로 악을 알게 된다. 사람이 거듭나기 전까지는 오직 악과 대비하여 선을 알 수 있을 뿐이다. 부패한 인간의 마음은 악한 것들을 먼저 찾는다. 불신자들 중에 삶의 바른 길에 대해 호기심과 관심을 쏟는 자가 몇이나 되는가? 순결과 고상함에 대해 관심을 갖는 자가 몇이나 되는가? 오히려 죄악의 경계선에 호기심과 관심을 쏟는 자는 얼마나 많은가? 선악을 알게 하는 나무의 실과는 인간의 본성에 그 무엇으로도 채울 수 없는 빗나간 호기심을 심어주었다. 오직 예수 그리스도에 의해 인간의 본성이 고침을 받은 후에야 우리는 하나님을 향한 끝없는 갈증을 갖게 된다.

"영생은 곧 유일하신 참 하나님과 그가 보내신 자 예수 그리스도를 아는 것이니이다" 요 17:3.

제 13 장

좁은 편견, 넓은 안목

전도서 8장

> 삶은 버려진 광석이 아니라,
> 그 중심을 파서 끄집어내는 철이다.
> 그 뒤 타오르는 고통으로 뜨겁게 달궈지고
> 지글거리는 물에 담금질 당한다.
> 삶은 반드시 찾아오는 망치와 같은 충격에 의해
> 다듬어진 후에 쓰임받는다.
>
> _ 알프레드 테니슨

정치적인 섬김

자신보다 뛰어난 사람을 멸시하는 것은 쉽다. 그 이유는 그 사람에 대해 아는 것이 없기 때문이다. 그러나 솔로몬은 우리에게 더 넓은 안목을 가지라고 권한다. 자신의 좁은 편견에서 벗어나 세상을 볼 것을 당부한다. 상대를 판단하기 전에 그의 입장에 서 보는 훈련을 하라. 이는 귀한 훈련이다. 전도서 8장 1-5절은 정치와 관련 있는 일을 하는 자들에게 주는 솔로몬의 권면이다.

돕는 자들의 분별력 전 8:1

"누가 지혜자와 같으며 누가 사물의 이치를 아는 자이냐 사람의 지혜는 그의 얼굴에 광채가 나게 하나니 그의 얼굴의 사나운 것이 변하느니라"전 8:1.

구약 시대에서는 신하가 군주 앞에서 슬픈 얼굴로 서면 형벌을 받았다 2:2. 신하는 자신의 용기와 담력을 보이기 위해 떨지 않는 모습을 보여야 하는데 이러한 처신은 위선이 아니다. 정치권 사람들의 얼굴을 보면 솔로몬이 말한 것처럼 그들의 표정으로는 그들이 처한 형편을 알아낼 수 없다. 신하가 취해야 할 자세는 당당한 얼굴을 하는 것이다. 자신의 모든 생각을 전부 내뱉어서는 안 된다. 만일 자신의 모든 생각을 전부 솔직하게 내뱉는다면 그들은 설 자리를 잃을 것이다!

성경의 관점에 의하면 하나님께서 어떤 사람에게 권세를 주신 목적은 사람들을 다스려 하나님을 섬기도록 하기 위함이다. 권세를 받은 사람이 이러한 하나님의 뜻을 따를 것인지 말 것인지는 그 사람의 문제이다. 정부 제도는 그 정부가 악하든 선하든 사람에 의해 세워진 것이 아니라 하나님의 손에 의해 세워졌다. 그러므로 왕과 권세자들은 하나님께 순종해야 할 책임이 있다벧전 2:13-14. 영국의 보수당은 왕이 옳든 그르든 '나의 왕'으로 모시며 왕을 무조건 따르는데 이러한 자세는 하나님께서 세우신 정부 제도를 부패시키는 것이다.

하나님께서는 아브라함의 허리에서 태어난 야곱을 통해 한 국가를 세우신 후에 자기 백성으로 삼으셨다. 그들은 이 세상의 다른 국가의 백성들과는 달리 여호와 하나님만을 왕으로 섬겨야 했으며 모든 나라로 하여금 하나님을 알리는 도구가 되어야 했다신 17:14-15. 하지만 이스라엘과 유다는 "아니요. 우리는 우리를 위한 왕을 모시겠습니다"삼상 8:19-20라고 거부했다. 이스라엘과 유다가 모셨던 가장 훌륭한 왕은 다윗과 솔로몬이다. 하지만 그들이 통치하는 기간 동안 가장 큰 어려움도 있었고, 가장 큰 형통도 경험했다. 성경에 따르면 동방의 왕권 제도나 로마 시대의 황제 제도 등은 처음 사람 아담처럼 스스로 자신을 통치하려는 데에서 발생한 그릇된 제도이다.

지옥은 무엇이든 그곳으로 들어오면 영원토록 괴로움을 받는 곳이다. 무엇이든지 지옥으로 들어오면 다시는 올바르게 설 수 없다.

평화를 유지하는 길 전 8:2

"내가 권하노라 왕의 명령을 지키라 이미 하나님을 가리켜 맹세하였음이니라" 전 8:2.

왕 앞에서 맹세한 것은 하나님 앞에서 맹세한 것처럼 구속력이 있다. 신하는 맹세한 것을 반드시 지켜야 한다. 만일 어떤 사람이 권위의 질서에 따라 살아간다면 그는 반역자가 될 수 없으며 또한 제멋대로 행동할 수도 없을 것이다. 평화와 질서는 철저하게 권위의 질서를 기억하여 지키는 데 달려 있다.

사려 깊은 행실 전 8:3

"왕 앞에서 물러가기를 급하게 하지 말며 악한 것을 일삼지 말라 왕은 자기가 하고자 하는 것을 다 행함이니라" 전 8:3.

행실은 사람의 행동과 처신을 의미한다. 솔로몬의 권면처럼 급하게 들어가거나 나가거나 하지 말라. 당신의 태도는 신중하고도 사려 깊어야 한다. 특히 왕이나 높은 관원들 앞에서는 이러한 태도가 더욱 필요하다.

흰색이나 검정색을 다루는 사람은 회색을 다루는 사람에 대해 매우 쉽게 판단하는 경향이 강하다. 정치와 관련하여 섬기는 위치에 있는 자들은 흰색이나 검정색보다는 회색을 다루어야 할 때가 많다. 예를 들어, 대영제국이 인도 반도를 지배하는 것에 대해 흑백 논리로 판단하는 것은 어렵지 않다. 그러나 지금 영국이 직면하고 있는 여러 복잡한 일들을 어떻게 해결할 것인지에 대해서는 흑백 논리를 적용하기 어렵다. 정치는 그 과정이 어렵다. 대부분의 사람들이 전혀 알지 못하는 복잡한 권력들을 다루어야 하기 때문이다. 우리는 이러한 종류의 일들과는 친숙하지 않다. 그러나 우리는 그들을 아주 성급하게 흑백 논리로 판단한다.

독재자의 명령들 전 8:4-5

"왕의 말은 권능이 있나니 누가 그에게 이르기를 왕께서 무엇을 하시나이까 할 수 있으랴 명령을 지키는 자는 불행을 알지 못하리라 지혜자의 마음은 때와 판단을 분변하나니" 전 8:4-5.

만일 어떤 사람이 독재하는 왕의 신하로 있다면, 그는 왕에게 자기 의견을 결코 알릴 수 없을 것이다. 그는 무조건 순종해야 할 뿐, 개인 의견을 말할 권한을 갖지 못한다. 지혜로운 사람은 언제 말하고 언제 침묵해야 하는지 아는 자이다.

민주주의적 성향

이 구절의 내용은 우리와 아무런 관련이 없으며 따라서 우리는 별다른 견해를 취할 수 없다. 왕이 어떻게 사는지는 우리의 관심사가 아니다. 그러나 어느 날 우리는 왕권 제도에 대해 판단을 내려야 할지도 모른다. 오래지 않아 민주주의 대열에 속한 사람들이 민주주의에 속하지 않는 자들, 즉 신하들과 독재적인 왕들을 심판해야 할지도 모른다. 어떤 판단을 내리기 전에 반드시 우리의 견해가 있어야 한다. 우리는 알지 못하는 것에 대해 쉽게 정죄한다. 그러나 자신과 관련한 상황들에 대해서는 변명을 늘어놓는다.

'민주주의 대열'은 완벽한 독재보다 낫다. 영국은 옳든 그르든 무조건 왕권 제도를 무너뜨렸다. 프랑스도 마찬가지이다. 영국과 프랑스의 이러한 조치로 인해 세상이 그 대가를 치를 필요는 없었다. 그러나 독일 때문에 온 세상은 홍역을 앓았다. 마찬가지로 내가 내 아이를 바르게 키우지 않으면 다른 아이들에게도 그 영향이 미친다. 우리는 이러한 부분을 보지 못하고 있지만, 현실에서 실제로 겪고 있는 부분이다.

강한 의향 전 8:6-7

"무슨 일에든지 때와 판단이 있으므로 사람에게 임하는 화가 심함이니라 사람이 장래 일을 알지 못하나니 장래 일을 가르칠 자가 누구이랴"전 8:6-7.

사람에게는 어떤 강한 의향이 있다. 그 의향이 고삐가 풀릴 때 난리를 치며 악을 행한다. 사람은 무엇을 하든 악을 향하게 된다.

종교에서도 같은 현상을 발견할 수 있다. 하나님의 통치를 모방한 거짓 통치 중 하나가 로마 카톨릭 교회이다. 이 땅에서는 가장 완벽한 통치 구조이다. 종교 개혁 이후에 사람들은 로마 카톨릭의 굴레에서 벗어나 자유를 누리게 되었다. 그러나 자유를 얻은 사람들 중에 상당히 많은 사람들이 더 극한 악으로 치달았다. 사람들은 뚜렷하게 잘못된 지배로부터 자유롭게 될 때 강한 의향을 갖게 되는데 오히려 그것으로 인해 또 다른 비극을 맞이하게 된다. 똑같은 현상이 노예들에게도 나타난다. 노예들이 자유를 얻으면 강한 의향을 갖게 되는데 그 의향으로 자유를 오용하여 더 비참하게 된다. 그러면 그제야 비로소 자유를 거절하고 이전 주인에게 다시 돌아간다.

의향의 무력함 전 8:8

"바람을 주장하여 바람을 움직이게 할 사람도 없고 죽는 날을 주장할 사람도 없으며 전쟁할 때를 모면할 사람도 없으니 악이 그의 주민들을 건져낼 수는 없느니라"전 8:8.

민주주의 대열에 속한 사람은 선한 일을 도모하지만 그것을 혼자 할 수는 없다. 민주주의의 법은 당신과 나와 같은 민중에 의해 만들어지기 때문에 우리가 서로 함께 하지 않으면 아무것도 이룰 수 없다. 그런데 아이러니한 것은 민주주의는 그 대열에 속한 자들의 의향이 강하기 때문에 모든 민중을 이끌 절대적인 지도자나결국 왕이라고 할 수 있다-역주 종교나 문명의 지배가 없으면 결국 서로 물고 뜯으며 멸망한다. 따라서 우리 가운데 가장 의향이 강한 자가 민주주의를 이끌게 된다. 그러나 이는 사실 민주주의를 허문 것과 다름없다. '왕의 신성한 권리'를 주장하는 것은 인간들이 자신들의 삶을 인도해줄 수 있는 절대적인 권력을 하나님 아닌 인간에게 허락하기 위한 거짓 모방이다. 따라서 '왕의 신성한 권리'는 그 대가를 치르게 될 것이다.

우리는 인간의 심연이 하나님을 향하지 않고 도리어 하나님으로부터 멀어지려 한다는 사실을 고려해야 한다. 사람은 자신의 맘대로 할 수 있는 자유를 얻을 때 더욱 강한 의향을 갖게 되지만, 그 의향은 악을 향하기 때문에 결국 더 큰 비극을 경험하게 될 것이다. 오늘날 우리는 옳든 그르든 '왕의 신성한 권리' 하에 서 있는 정치 질서가 얼마나 무력한지 보았다. 이제 우리는 이전과는 전혀 다른 민주주의 대열로 들어섰다. 그러나 인간의 왕권 제도이든 민주주의 제도이든 인간의 문제를 풀 수는 없다.

자기주장의 결과 전 8:9

"내가 이 모든 것들을 보고 해 아래에서 행하는 모든 일을 마음에 두고 살핀즉 사람이 사람을 주장하여 해롭게 하는 때가 있도다"전 8:9.

다른 사람을 지배하는 사람은 그가 더 높은 권력에 의해 지배받지 않는 한 자신이 행사하는 권력으로 마침내 자신을 해하게 된다.

만일 당신이 어떤 종교 체험을 한 후에 그 체험을 수단으로 군림하며 "당신들은 내 방법을 따라야 한다. 당신들은 내가 가졌던 체험을 반드시 경험해야 한다"라고 말한다면 그것은 하나님의 자리를 찬탈하는 것이 된다. 그때 당신은 남들에게 뿐아니라 당신 자신에게 더 큰 해를 끼치게 된다. 그 이유는 당신의 영이 그리스도의 영으로부터 더욱 멀어졌기 때문이다. 자신을 다스리지 못하면서 남들 위에 군림하면 우리는 그들에게 해를 끼치고 더불어 선한 많은 것들을 해치게 된다.

자의적 숭배의 부패 전 8:10

"그런 후에 내가 본즉 악인들은 장사지낸 바 되어 거룩한 곳을 떠나 그들이 그렇게 행한 성읍 안에서 잊어버린 바 되었으니 이것도 헛되도다"전 8:10.

바울은 '자의적 숭배'골 2:23에 대해 경고한다. 자의적 숭배란 사람이 자기 의지로 스스로를 충분히 다스릴 수 있다는 사상이다. 우리는 니체가 언급한 '의지의 능력', 즉 충분한 의지만 있다면 뭐든 할 수 있다는 자만에서 벗어나야 한다.

독재 권력은 비참과 괴로움을 만들어 내는 문제투성이로 입증되었다. 민주주의 역시 마찬가지이다. 사람은 여러 종류의 정치 제도를 만들 수 있지만 결국 독재 권력으로 되돌아간다. 모든 사람은 지옥으로 향하는 힘을 가지고 있다. 인간의 의지는 그 속성상 자아실현을 향하기 때문이다.

우리는 정치에 대해 친숙하지 않다. 그러나 올바른 견해를 취하지 못한 채 무언가를 판단한다면 우리는 언제 판단을 내려야 하는지 그 시기조차 알지 못한다. 범죄하는 것이다. 전쟁이 끝난 후에 왕권 제도를 심판한 것은 아무런 문제가 없을 것이다. 그러나 민주주의를 판단하는 데는 어려움이 있다. 그럼에도 우리는 각 사람이 자신보다 더 높은 권세에 의해 지배받지 않으면, 민주주의 역시 왕권 제도 만큼이나 악하게 될 것이라는 사실을 기억해야 한다.

이 세대의 계획 가운데

악과 하나님의 오래 참으심 전 8:11

"악한 일에 관한 징벌이 속히 실행되지 아니하므로 인생들이 악을 행하는 데에 마음이 담대하도다"전 8:11.

우리는 왜 하나님께서 이러한 악을 허락하시는지 묻는다. 왜 하나님은 독재자가 폭정을 하는 것을 허락하실까? 지금 이 세대에서는 오래 참으시는 하나님의 속성이 드러나고 있다. 하나님은 사람들이 원하는 대로 하도록 내버려두신다벧후 3:14. 베드로는 하나님께서 오래 참으시며 각 사람과 각 나라에게 얼마든지 하고 싶은 대로 해보도록 내버려 두신다고 말한다. 만일 하나님께서 지금 이 세대를 당장 끝내신다면, 인류는 하나님께 "좀 더 기다리셨어야지요. 우리는 해보지 못한 것이 너무나 많습니다"라고 말할 권리를 갖게 될 것이다.

하나님은 우리가 예수 그리스도 외에는 아무런 다른 해결 방법이 없다는 사실을 깨달을 때까지 인내하시며 우리를 내버려 두신다. 그리스도 예수를 떠나서는 결코 만족함이 없을 것이다.

선과 하나님의 오래 참으심 전 8:12-13

"죄인은 백 번이나 악을 행하고도 장수하거니와 또한 내가 아노니 하나님을 경외하여 그를 경외하는 자들은 잘 될 것이요 악인은 잘 되지 못하며 장수하지 못하고 그 날이 그림자와 같으니 이는 하나님을 경외하지 아니함이니라"전 8:12-13.

하나님께서는 악인이 모든 일이 다 잘되고 있다고 착각하는 것을 허락하신다. 솔로몬은 하나님을 경외하는 자는 궁극적으로 잘될 것이라고 확신한다. 오늘날 교회는 편의주의를 가르치고 있다. 사람들은 그러한 가르침을 즐거워하며 실컷 이용하고 있다. 그러나 언젠가 전능자가 칼을 꺼내어 심판하실 것이다. 그 칼을 칼집에 집어넣는 것은 교회가 할 일이 아니다.

험한 십자가의 복음은 인간들에게 죄를 맘껏 지을 수 있는 허가증을 주는 것처럼 보인다. 그러나 정말 그러한가? 뭔가 아는 척하는 사람들은 죄를 저지르지 않도록 하기 위해 공포심을 조장해야 한다고 말한다. 그러나 사람들이 잘못을 저지르지 않는다고 해서 그들이 참으로 나아진 것일까? 바른 일을 행하면 천국에 들어갈 수 있는 티켓을 얻는다는 식의 교훈은 복음이 아니다. 우리가 의로운 자가 되었기 때문에 의로운 행위를 하게 되는 것이 복음이다.

어떤 이득을 위해 정직하려고 한다면 그러한 정직은 순수성을 잃은 정책일 뿐이다. 만일 어떤 사람이 경건하게 살고자 하면 핍박을 받을 것이다. 만일 어떤 사람이 이 세상에서 성공과 안녕을 원한다면 그는 예수 그리스도를 버리고 주님의 교훈을 무시하는 것이 나을 것이다. 주님의 거룩함에는 이 세상의 유익을 추구하는 장삿속이 없다. 하나님께 충성하는 자는 마침내 최고의 결과를 얻을 것이다. 이 말은 이 세상에서 최고의 성공과 형통을 얻는다는 의미가 아니다. 도리어 세상에서는 실패와 어려움 가운데 처할 수도 있다.

현재 및 하나님의 예정하심 전 8:14-15

"세상에서 행해지는 헛된 일이 있나니 곧 악인들의 행위에 따라 벌을 받는 의인들도 있고 의인들의 행위에 따라 상을 받는 악인들도 있다는 것이라 내가 이르노니 이것도 헛되도다 이에 내가 희락을 찬양하노니 이는 사람이 먹고 마시고 즐거워하는 것보다 더 나은 것이 해 아래에는 없음이라 하나님이 사람을 해 아래에서 살게 하신 날 동안 수고하는 일 중에 그러한 일이 그와 함께 있을 것이니라"전 8:14-15.

우리를 향한 하나님의 계획은 언제나 '지금'을 위한 것이다. 나중에 어떻게 될 것이라는 약속 역시 '지금'을 위한 것이다. 솔로몬은 인간이 삶에 대해 가져야 할 태도는 현실에 충성하는 것이라고 말한다. 우리는 이 땅에서 참 사람으로 살아가야 한다. '천사'가 되려고 해서는 안 된다. 당신이 하나님과 바른 관계를 맺을 때 이 땅에서 반드시 성공이 보장되는 것은 아니지만 늘 올바른 삶을 살 수 있게 된다. 때때로 우리는 올바르게 살기 위해 가장 큰 어려움을 당하는 수도 있다.

염려로 무너지는 삶 전 8:16

"내가 마음을 다하여 지혜를 알고자 하며 세상에서 행해지는 일을 보았는데 밤낮으로 자지 못하는 자도 있도다"전 8:16.

오늘날 사람들은 실제 싸움이 아닌 마음속의 두려움 때문에 무너지고 있다. 실제로 현실 가운데 싸우는 자들의 삶은 놀랍게도 무너지지 않고 지탱되지만, 집에서 고민하며 공포에 빠진 사람들의 삶은 철저하게 무너지고 있다. 공포에 빠진 사람들은 '지금' 당장의 일보다 훨씬 많은 것들을 고민한다.

그들은 혹시 얼마 후에 발생할 가능성이 있는 사건들과 아직 태어나지도 않는 자녀들의 장래까지 염려한다. 미래가 산산조각 날 것이라고 염려하는 자들이 어찌 하나님을 생각할 여력이 있겠는가? 솔로몬이 말하는 가장 지혜로운 삶은 하나님께 믿음을 두고 현실을 사는 것이다. 따라서 지혜로운 자는 결코 먼 일까지 염려하지 않는다. 모든 세상일과 심지어 내일의 일까지 염려하는 자들은 하나님을 향한 믿음을 가질 수 없다. 나아가 그들은 '지금'을 위해 어떻게 살아야 하는지 신경쓸 시간이 없다. 그러므로 그들의 삶은 무너지게 된다.

믿음과 하나님의 섭리 전 8:17

"또 내가 하나님의 모든 행사를 살펴 보니 해 아래에서 행해지는 일을 사람이 능히 알아낼 수 없도다 사람이 아무리 애써 알아보려고 할지라도 능히 알지 못하나니 비록 지혜자가 아노라 할지라도 능히 알아내지 못하리로다"전 8:17.

솔로몬은 모든 만사에 대해 요약하며 우리가 처하게 되는 위치나 상황은 사람이 통제할 수 있는 것이 아니라고 말한다. 예를 들어, 당신이 남자로 태어날지 여자로 태어날지, 어떤 유전 형질을 갖고 태어날지, 어떤 기질을 갖게 될지는 당신의 통제밖에 있다. 하지만 이러한 요소들은 당신에게 직접적인 영향을 끼친다. 당신이 이 세상의 모든 만사를 파악해보려고 노력할지라도 능히 그것을 알아낼 수 없다. 해 아래에서 행해지는 일들은 인간의 이성으로는 파악이 불가능하다.

우리는 만사의 시작과 끝을 알 수 없다. 우리는 출생 이전과 죽음

이후에 대해 아무것도 모른다. 그러므로 지혜로운 사람은 하나님의 지혜를 믿고 자신의 알량한 기지를 믿지 않는다. 자신의 기지를 믿는 자들은 자신의 힘으로 인간의 상황과 문제를 해결해보려고 한다. 만일 그가 인생 가운데 큰 문제에 봉착하여 박살나지 않는다면, 그는 변함없이 천박하고 가벼운 철학을 말할 것이다. 그러나 삶의 비극을 접하게 될 때 그는 자신의 기지로는 자신의 삶을 이끌 수 없다는 사실을 깨닫게 될 것이다. 그러면 그는 그리스도인이 되든지 아니면 운명론자가 되든지 어떻게든 변화될 것이다.

믿음은 다 헤아릴 수 없는 하나님의 섭리를 신뢰하는 것이다. 하나님께서 무엇을 어떻게 행하실지 알 수 없으나 그분의 성품을 믿는 것이다. 즉, 하나님의 명예를 끝까지 의심하지 않는 것이다. 운명론자는 삶이 정해져 있다고 믿는다. 그러므로 자신이 싫든 좋든 상관없이 권력자에게 복종해야 한다고 본다. 그러나 그 권력자의 성품까지는 알지 못한다. 단지 자신보다 높기 때문에 따르는 것뿐이다. 하지만 그리스도인들은 하나님의 섭리를 헤아릴 수 없을 지라도 그분의 성품을 알고 믿는다.

솔로몬은 현실 속에서 우리가 할 일은 하나님께 진실하게 서는 것이라고 말한다. 그러면 하나님께서 우리를 돌보실 뿐만 아니라 언젠가 우리에게 모든 일을 완벽하게 설명해주실 것이다. 이것이 그분을 향한 우리의 믿음이며, 우리는 이러한 믿음을 놓쳐서는 안 된다.

제 14 장

예측할 수 없는 인생

전도서 9장

만일 내가 행한 일 중에 선한 것이 있다면

주여! 당신의 손으로 빚으소서.

내가 당신의 생각대로 행하지 못한 것은

제 잘못임을 아옵니다.

오, 실패이든 성공이든

내게서 그 소망을 가져가지 마소서.

사람을 의지하지 않게 하소서.

도리어 그들의 필요를 돕는 자가 되게 하소서!

_ 러디어드 키플링 Rudyard Kipling, 1865-1936, 영국의 소설가

우리는 말로 분명하게 언급할 수 없는 것들을 쓸모없는 것들이라고 여기는 경향이 있다. 그러나 말을 할 때나 책을 읽을 때 중요한 것은 대화 및 독서에서 흐르는 어떤 분위기이다. 지식을 전달하는 문학과 영감을 전달하는 문학이 따로 있다. 지식을 전달하는 문학은 어떤 것에 대한 정보를 주기 때문에 우리는 그 문학을 접한 후에 이해했다고 말한다. 그러나 영감을 전달하는 문학의 경우에는 이해한 것을 정확하게 말할 수는 없어도 왠지 자신이 더 나은 사람이 되는 듯한 기분을 느낀다. 우리의 생각과 마음이 넓어지기 때문이다. 우리에게는 정보 그 이상의 것이 필요하다. 영감을 주는 문학은 하나님의 말씀과 관련한다.

삶의 가장 큰 비밀들 중 하나는 영적인 삶의 열쇠는 '순종'이고 지적인 삶의 열쇠는 '호기심'이라는 사실이다. 영적인 영역에서 호기심은 쓸모없을 뿐만 아니라 오히려 해가 된다. 하지만 일단 영적인 지식은 오직 순종을 통해서만 얻을 수 있다는 사실을 배우면 영원하고도 무한한 자유를 경험하게 될 것이다.

예측할 수 없는 하나님의 역사

"이 모든 것을 내가 마음에 두고 이 모든 것을 살펴 본즉 의인들이나 지혜자들이나 그들의 행위나 모두 다 하나님의 손 안에 있으니 사랑을 받는지 미움을 받는지 사람이 알지 못하는 것은 모두 그들의 미래의 일들임이니라 모든 사람에게 임하는 그 모든 것이 일반이라 의인과 악인, 선한 자와 깨끗한 자와 깨끗하지 아니한 자, 제사를 드리는 자와 제사를 드리지 아니하는 자에게 일어나는 일들이 모두 일반이니 선인과 죄인, 맹세하는 자와 맹세하기를 무서워하는 자가 일반이로다"전 9:1-2.

당신은 하나님의 역사가 어떻게 일어날지 예측할 수 없다. 고대 지혜자들은 기적을 '하나님의 공적인 역사'라고 말하였다. 하나님께서는 갑자기 등장하셔서 인간의 능력을 초월하는 일을 행하신다. 우리 주께서 보여 주신 기적들은 하늘 아버지께서 무엇을 행하시는지 제자들에게 알려 주기 위함이다요 2:1-11. 우리 주님은 자신의 능력을 보이시기 위해 기적을 행하신 것이 아니다. 주님은 놀라운 기적을 행하기 위해 오신 분이 아니기 때문에 사람들이 주님께 기적을 보여 달라고 요구하였을 때 오히려 주님은 아무런 기적을 행하지 않으셨다눅 23:8-9.

솔로몬은 하나님의 역사는 우리의 논리나 계산으로 예측할 수 없다고 말한다. 만일 당신이 이성적인 선상에서 인생을 예측한다해도 언젠가 당신은 전혀 예측하지 못한 사건들을 만나게 될 것이다. 그 사건들은 하나님의 역사로만 이해가 가능하다. 선하고, 가정환경이 좋고, 품행이 좋다고 해서 그가 반드시 성공하고 형통할 것이라고 말할 수는 없다. 착한 사람이 형통하지 않는 반면 권력을 장악하여 독재하는 악인이 형통하는 일들을 종종 발견하기 때문이다시 73:1-18.

사람들은 세상에서 일어나는 일들을 사실 그대로 대하기보다는 지식적인 관점을 취하여 그 일들을 바라본다. 지식적인 관점은 사람의 생각과 직감을 지배한다. 그러나 지식에 의존할 뿐 그 이상을 보지 못한다. 모든 것이 그 사람이 지닌 지식 렌즈를 통해 보일 뿐이다. 하지만 우리가 이 세상의 일들을 태양의 관점으로 밝게 비춘다면 근본 바탕이 흔들리면서 모든 예측을 넘어서는 일들이 일어나는 것을 발견하게 될 것이다. 만일 당신이 철학자가 쓴 인생 이야기를 읽어 본다면 인생은 복잡함이나 어려움 없이 매우 단순한 것으로 보일 것이다. 그러나 당신이 '인생의 소요' 가운데 처박힌다면 인생에 대한 철학자들의 단순한 설명은 더 이상 먹혀들지 않을 것이다. 세상만사와 인생의 비결을 알았다고 생각하는 순간, 당신은 정상 궤도에서 벗어난 것이다.

피상적인 차원이 아니라 본질적인 차원에서 인생을 보면 인생은 결코 어떤 규칙에 의해 이끌리지 않는다. 기독교 안에서도 우리는 예수 그리스도의 교훈이라는 규칙으로 우리의 삶을 이끌려는 실수를 자주 한다. 기독교의 바탕은 본질적으로 덕이나 정직이나 선함이 아니다. 심지어 거룩함도 아니다. 기독교의 바탕은 예수 그리스도 안에서 하나님과 인격적인 관계이다. 하나님과 인격적인 관계를 맺으면 어떤 상황에서도 자발적으로 주의 뜻을 따르게 된다. 규칙은 낮은 차원의 것이다. 만일 규칙이 예수 그리스도의 생명과 무관하게 실천된다면, 이는 불신자의 행위와 다름없다.

이 세상의 사건들은 논리적인 선상에서 발생하지 않는다. 세상에는 언제나 우리가 예측하지 못하는 일들이 있다. 당신은 어떤 규칙들을 지켜서 당신의 목적에 이를 수 있다고 생각할지 모르나 그것으로는 당신의 목적을 이룰 수 없다. 솔로몬은 선한 사람이든 악한 사람이든 그들에게 발생하는 일들이 사람의 예측대로 되지 않는다고 말한다. 당신이 분명히 말할 수 있는 것은 사람마다 아무도 예측할 수 없는 각각의 상황에 처한다는 사실이다. 젊은이들을 위해 가장 멋지고 지혜로운 책 한 권을 소개하고 싶다. 렉키의 「인생 지도」Map of Life이다. 렉키는 천재는 아니었지만 도덕적인 강한 열정을 가지고 살면서 인생에 대해 면밀하게 연구한 내용을 이 책에 담았다.

하나님의 시험 기간

"모든 사람의 결국은 일반이라 이것은 해 아래에서 행해지는 모든 일 중의 악한 것이니 곧 인생의 마음에는 악이 가득하여 그들의 평생에 미친 마음을 품고 있다가 후에는 죽은 자들에게로 돌아가는 것이라 모든 산 자들 중에 들어 있는 자에게는 누구나 소망이 있음은 산 개가 죽은 사자보다 낫기 때문이니라"전 9:3-4.

성경은 언제나 명백하게 언급한다. 사람들은 성경이 명백하게 언급한 내용을 거의 알지 못한다. 따라서 그 내용을 알려 주면, 마치 처음 들어보는 것처럼 놀란다.

"산 개가 죽은 사자보다 낫기 때문이니라"전 9:4.

주께서는 여호수아에게 "내 종 모세가 죽었다"고 말씀하시며 무엇을 하라고 하시는가? 이제 가서 애곡하라고 말씀하시는가? 아니다. "이제 너는 이 모든 백성과 더불어 일어나 이 요단을 건너 내가 그들 곧 이스라엘 자손에게 주는 그 땅으로 가라"수 1:2고 하신다.

성경은 우리가 이미 세상을 떠난 자들로 인해 시간을 낭비하는 것을 허락하지 않는다. 이 말은 떠난 자로 인해 슬퍼하지 말라는 뜻이 아니라 죽은 자에 대한 회상에 너무 깊게 빠져서 인생을 낭비하지 말라는 뜻이다. 성경은 "우리는 떠난 자들을 기억해야 하며 그들의 그늘 아래 살아야 한다"는 태도를 용납하지 않는다.

"이르되 아이가 살았을 때에 내가 금식하고 운 것은 혹시 여호와께서 나를 불쌍히 여기사 아이를 살려 주실는지 누가 알까 생각함이거니와 지금은 죽었으니 내가 어찌 금식하랴 내가 다시 돌아오게 할 수 있느냐 나는 그에게로 가려니와 그는 내게로 돌아오지 아니하리라 하니라"삼하 12:22-23.

겟세마네 동산에서 제자들은 주님과 함께 깨어 있어야 할 시간에 잠이 들었다. 예수께서 그들에게 오셔서 말씀하셨다.

"이제는 자고 쉬라 … 일어나라 함께 가자"마 26:45-46.

주님과 함께 깨어 기도할 수 있었던 기회는 이미 과거로 지나갔고, 당신은 과거를 바꿀 수 없다. 그러나 당신은 일어나 다음 단계로 나아갈 수 있다. 우리는 성경 전체에서 어쩔 수 없이 떠나보내야 하는 이별의 사건들을 본다. 사람은 마음을 쇠약하게 하는 슬픔을 종소리와 함께 떠나보내야 한다. 인간의 속성에서 가장 깊은 이기심의 모습들 중 하나는 과거에 사로잡혀 비참한 가운데 빠지는 것이다. 그 어떤 자만보다 더 교만한 모습은 스스로 비참에 붙들려 고립되는 것이다.

출생과 죽음 사이의 기간은 하나님의 훈련 학교이며, 그 프로그램에 대해서는 우리가 알 수 없다. 우리는 이것저것을 하겠다고 계획하지만 성경은 "내일 일을 너희가 알지 못하는도다"약 4:14라고 말한다. 인생은 우연한 일로 가득하기 때문에 우리는 자기 자신의 지혜가 아닌 오직 하나님의 지혜를 의지해야 한다.

솔로몬의 권면과 "목숨을 위하여 염려하지 말라"마 6:25는 예수님의 교훈은 마치 보헤미안들에게는 정처 없이 떠도는 삶을 권하는 것처럼 보이지만 사실은 그와 전혀 다르다. 보헤미안들은 모든 것에 대해 염려하지 않지만, 솔로몬과 그리스도의 가르침은 하나님과의 관계를 염려하라고 가르친다. 하지만 그 외에는 그 어떤 것도 염려하지 말라고 한다. 예수님께서는 우리가 삶에서 가장 많이 염려해야 것은 하나님과의 관계라고 하셨다. 하지만 대부분의 사람들은 도리어 이 한 가지만 빼고 나머지를 염려한다.

우리의 삶은 우리가 전혀 알지 못하는 프로그램으로 진행되고 있다. 이렇게 진행되는 프로그램에 대해서 우리가 할 것은 아무것도 없다. 그러나 사람들은 그 프로그램을 직접 바꾸어 보려고 쓸데없는 짓을 하며 인생을 허비한다.

죽음의 강력함

"산 자들은 죽을 줄을 알되 죽은 자들은 아무것도 모르며 그들이 다시는 상을 받지 못하는 것은 그들의 이름이 잊어버린 바 됨이니라 그들의 사랑과 미움과 시기도 없어진 지 오래이니 해 아래에서 행하는 모든 일 중에서 그들에게 돌아갈 몫은 영원히 없느니라"전 9:5-6.

죽은 자를 위해서는 더 이상 이 세상의 보상이 없다. 우리는 피할 수 없는 죽음을 늘 염두에 두고 살아야 한다. 당신의 친구가 죽게 될 것이라고 생각하고 행동해보라. 그러면 당신의 입술은 그를 향해 못된 말들을 뱉지 않을 것이다.

세심함과 예민함은 차이가 있다. 세심한 사람은 남을 아프게 하는 행동을 하지 않지만, 예민한 사람은 누가 자신을 아프게 할까 봐 두려워한다. 남을 세심하게 배려하는 사람들은 많지 않다. 대부분의 사람들이 손해를 입지 않으려고 매우 예민하게 반응한다. 그러나 죽음을 기억할 때 사람들은 바뀌게 된다. 인생은 아무 때라도 죽음에 이를 수 있기 때문이다.

솔로몬은 죽음 앞에서는 인간이 마련한 보험도, 삶에 대한 예측도, 철저하게 계산하여 준비한 것들도 아무런 도움이 되지 않음을 알려 준다. 당신은 오직 한 가지만을 믿을 수 있다. 바로 하나님, 그 하나님께 끝까지 충성하라.

시간을 지혜롭게 사용하는 법

"너는 가서 기쁨으로 네 음식물을 먹고 즐거운 마음으로 네 포도주를 마실지어다 이는 하나님이 네가 하는 일들을 벌써 기쁘게 받으셨음이니라 네 의복을 항상 희게 하며 네 머리에 향 기름을 그치지 아니하도록 할지니라 네 헛된 평생의 모든 날 곧 하나님이 해 아래에서 네게 주신 모든 헛된 날에 네가 사랑하는 아내와 함께 즐겁게 살지어다 그것이 네가 평생에 해 아래에서 수고하고 얻은 네 몫이니라"전 9:7-9.

"네 의복을 항상 희게 하며"전 9:8.

이 말씀은 삶에 알맞은 복장을 하고 살라는 뜻이다. 솔로몬은 '인생은 우연'이라고 주장한다. 그러므로 우리는 인생에서 발생하는 일들을 믿을 수 없다. 네 가지 것들, 즉 음식과 성과 돈과 땅은 언제나 그리스도인들의 삶에서 올바른 자리에 서 있어야 한다. 당신의 삶에서 이것들의 위치가 어디 있느냐에 따라 당신은 사탄도 될 수 있고 하나님이 원하시는 사람도 될 수 있다. 하나님의 사람은 이것들을 사용하여 하나님과의 관계를 표현한다. 한편 하나님을 알지 못하는 자들은 이것들을 삶의 궁극적인 목표로 삼는다. 바울은 거짓 종교에 대해 언급하며 거짓 종교는 삶의 기본, 즉 음식과 결혼을 거부한다고 말한다. 이 세상에서 어떤 사람의 삶에 대한 실제적인 시험은 그가 음식과 성과 돈과 땅과 관련해서 어떤 삶을 사는가 하는 것이다.

전쟁의 황폐함은 끔직하다. 하지만 보상도 있다. 전쟁으로 얻는 한 가지 보상은 사람들이 가장 중요한 것이 무엇인지 알게 되는 것이다. 몇몇 문제들은 전쟁이 끝난 뒤 다시는 발생하지 않을 것이다. 그러나 모든 사람은 전쟁으로 인해 인생과 만사에 대해 새로운 생각과 자세를 가지게 되었다. 그리고 그러한 생각들은 문명의 이기로 인해 우리들이 놓쳤던 것을 다시 붙들게 할 것이다.

일에 대한 강박관념

"네 손이 일을 얻는 대로 힘을 다하여 할지어다 네가 장차 들어갈 스올에는 일도 없고 계획도 없고 지식도 없고 지혜도 없음이니라"
전 9:10.

성경 그 어디를 보아도 일 자체를 위해 일하라는 가르침은 없다. 오늘날 기독교의 골칫거리는 기독교 중심 내부에서 활동하는 비기독교적인 운동이다. 바로 봉사를 숭배하는 운동이다. 교회가 일을 숭배하면서 정작 예수 그리스도를 향한 예배를 잃었다. 사람들은 일을 위해 끝없이 자신들을 희생하고 있다. 땀과 영감을 혼동하고 있는 것이다. 일의 가치는 그 일이 우리를 위할 때 있다. 일을 숭배하게 되면 "일을 하는 유익이 무엇인가? 우리는 짧은 기간 이 땅에 사는데 왜 인생이 영원히 지속될 것처럼 이 일을 하는가?"라는 궁극적인 질문을 하지 못하게 된다.

솔로몬은 "네 손이 일을 얻는 대로 힘을 다하여 할지어다"라고 권면한다. 그러나 솔로몬의 권면은 '일 그 자체를 위해 일하라'는 의미가 아니다. 사람들은 일이라는 지루한 수고를 통해 인간이 발전된다며 일을 신성하게 여기지만, 이는 예수 그리스도께 배도하는 것과 다름없다. 수많은 그리스도인들이 일 때문에 하나님께 집중하지 못하고 있다. 일의 역할은 하나님의 뜻을 이루는 것인데 도리어 일을 할수록 하나님으로부터 멀어지고 있다.

카릴은 현대인의 삶이 피곤하고 지치는 이유는 끝없는 일 때문이라고 지적한다. 사람이 정상이 아닐 때 안절부절 못하며 쉬지 않고 일을 하는 경향이 있다. 지나친 육체 활동이나 일은 정신의 연약함을 나타내는 표시이기도 하다. 영적으로나 정신적으로, 그리고 신체적으로 건강한 사람은 일이 자신의 한 부분이기 때문에 온 힘을 들여 일하더라도 힘들어 죽겠다고 난리 치는 일이 없다. 우리가 일 때문에 쓰러지는 이유는 일이 우리를 위해 있지 않고 우리가 일을 위해 있기 때문이다.

하나님께서 인간이 행하는 모든 일들을 보실 때 가장 중요하게 여기시는 것은 그 사람이 무슨 일을 하느냐가 아니라 그 일을 하는 사람이 어떤 사람이냐는 것이다. 솔로몬은 항상 이 점을 마음에 두고 있다. 모든 사건 가운데서 우리가 무엇을 성취하느냐가 아니라 어떤 사람이 되느냐 하는 것이 가장 중요한 것이다. 만일 당신이 성취를 궁극적인 목적으로 삼는다면 죽음이나 병이나 어떤 실패로 인해 비참을 겪을 때 당신의 심령은 철저하게 무너지게 될 것이다.

예측할 수 없는 인생

"내가 다시 해 아래에서 보니 빠른 경주자들이라고 선착하는 것이 아니며 용사들이라고 전쟁에 승리하는 것이 아니며 지혜자들이라고 음식물을 얻는 것도 아니며 명철자들이라고 재물을 얻는 것도 아니며 지식인들이라고 은총을 입는 것이 아니니 이는 시기와 기회는 그들 모두에게 임함이니라 분명히 사람은 자기의 시기도 알지 못하나니 물고기들이 재난의 그물에 걸리고 새들이 올무에 걸림 같이 인생들도 재앙의 날이 그들에게 홀연히 임하면 거기에 걸리느니라"전 9:11-12.

인생은 참으로 변덕이 심하고 우연한 일들로 가득하다. 그리스도인들은 모든 일이 하나님의 섭리에 의해 발생한다고 믿는다. 그러나 우리는 하나님의 섭리와 하나님의 뜻을 구별할 수 있어야 한다. 우리는 아무리 우연한 일들 가운데서도 하나님의 뜻을 붙들어야 한다.

"우리가 알거니와 하나님을 사랑하는 자 곧 그의 뜻대로 부르심을 입은 자들에게는 모든 것이 합력하여 선을 이루느니라"롬 8:28.

모든 일이 하나님의 허용하시는 섭리 가운데 발생하지만 모든 일이 하나님의 자명한 뜻은 아니다. 그리스도인들은 하나님께서 허락하신 모든 일 가운데 하나님의 뜻을 찾아야 한다. 만일 우리가 하나님과 올바른 인격적 관계를 유지한다면, 우리는 모든 일 속에서 유익을 얻게 될 것이다. 하나님께서 허락하신 모든 섭리 속에서 주님과 관계를 맺고 그분의 뜻을 찾아 따른다면 모든 일이 내게 최선이 될 것이다.

"빠른 경주자들이라고 선착하는 것이 아니며"전 9:11.

어릴 때 학교에서 비상하게 영리했던 아이들이 종종 나중에 보면 별 볼일 없는 사람이 되는 일이 많다. 그는 어린 시절에 너무 많은 것을 이루었다. 어린 시절에 많은 것을 이루어야 하거나, 빨리 성숙해야 하는 책임을 지닌 아이는 없다. 20대나 30대가 되었을 때 더 이상 성숙을 이룰 힘이 없다면 그는 너무 일찍 성숙해버린 것이다.

장래에 큰 인물이 될 것 같아 보이던 아이가 반드시 그 기대대로 되는 것은 아니다. 도리어 갑갑해보이던 아이가 나중에 보면 위대한 인물로 성장하는 일이 많다. 최고의 성경 주석 작품을 쓴 사람들 중 한 분은 어릴 때 사람들에게 멍청이로 불렸다고 했다. 이처럼 인생에는 누구에게나 예측할 수 없는 요소들이 있다. 솔로몬 역시 사람의 인생은 예측할 수 없다고 말한다.

위기는 사람들의 숨겨진 부분들을 드러낸다. 우리는 단 한 번도

처해 본 적이 없던 상황에서 어떤 모습을 취할지 아무도 모른다. 그 이유는 아무도 예측할 수 없는 요소들이 사람의 외부와 내면에 있기 때문이다.

새로운 상황에 처하게 되면 사람들은 그동안 잘 드러나지 않던 새로운 자신의 모습을 발견하는 경우가 많다. 새로운 형편이나 처지에서 그들의 숨겨진 선함이 드러날 수도 있고 아니면 숨겨진 악함이 드러날 수도 있다. 그러므로 우리는 사람들이 어떤 상황에서 어떻게 반응할지 미리 예측할 수 없다. 이에 솔로몬은 인간의 논리에 따른 예측을 신뢰하지 말라고 말한다.

"분명히 사람은 자기의 시기도 알지 못하나니"전 9:12.

당신은 기회가 언제 찾아올지 절대로 알 수 없다. 그러므로 비가 올 때든지 해가 뜰 때든지 인생의 배를 바다에 띄우기 위해 밖으로 나가야 한다. 기회는 당신이 조정할 수 있는 것이 아니다. 하나님은 왜 어떤 사람에게 기회를 주시고 다른 사람에게는 주지 않으시는가?

"무릇 높이는 일이 동쪽에서나 서쪽에서 말미암지 아니하며 남쪽에서도 말미암지 아니하고 오직 재판장이신 하나님이 이를 낮추시고 저를 높이시느니라"시 75:6-7.

지혜를 향한 부당한 대우

"내가 또 해 아래에서 지혜를 보고 내가 크게 여긴 것이 이러하니 곧 작고 인구가 많지 아니한 어떤 성읍에 큰 왕이 와서 그것을 에워싸고 큰 흉벽을 쌓고 치고자 할 때에 그 성읍 가운데에 가난한 지혜자가 있어서 그의 지혜로 그 성읍을 건진 그것이라 그러나 그 가난한 자를 기억하는 사람이 없었도다 그러므로 내가 이르기를 지혜가 힘보다 나으나 가난한 자의 지혜가 멸시를 받고 그의 말들을 사람들이 듣지 아니한다 하였노라" 전 9:13-16.

우리는 지혜로 말미암아 유익을 얻은 후 곧 그 지혜의 귀중함을 잊는다. 성공한 사람들은 자신에게 지혜로운 권면을 해준 사람을 쉽게 잊는다. 사람들은 바른 길을 제시하는 지혜자를 중요하게 여기지 않는다. 군대에서 작전이 성공하면 지혜로운 권면을 해준 사람에게 그 영광이 돌아가는 일은 거의 없다. 보통 그 군의 대표에게 영광이 돌아간다. 지혜를 가진 사람은 영광이 다른 사람에게 가는 것을 잘 알고 있기 때문에 그 일로 마음 상해 하지 않는다. 분별력이 있는 사람들은 성공의 배후에 있는 지혜의 가치를 안다. 위대한 일을 행한 뛰어난 인물 뒤에는 언제나 보이지 않는 지혜로운 아내가 있다.

솔로몬은 당신이 좋은 일을 하고도 인정받지 못할 수 있다는 사실을 염두하라고 말한다. 당신이 지속적으로 가장 소중이 여겨야 하는 것은 오직 하나님과의 관계이다. 그렇지 않으면 실망하면서 마음이 상할 것이고 나아가 냉소적인 사람이 될 것이다.

뿌리 깊은 통속적인 편견

"조용히 들리는 지혜자들의 말들이 우매한 자들을 다스리는 자의 호령보다 나으니라 지혜가 무기보다 나으니라 그러나 죄인 한 사람이 많은 선을 무너지게 하느니라"전 9:17-18.

낮은 수준의 사람들 속에서 높은 수준을 가지고 사는 것은 결코 쉽지 않다. 예를 들어, 미개한 원주민들은 발로 차고 욕을 할 때 제대로 이해하고 행동하지만 인격적으로 대우해 주면 무질서 가운데 행동한다. 더욱이 잘 대해 줄수록 그들은 당신을 이용해먹기도 할 것이다. 이러한 현상이 사실일 수 있으나, 그들이 진정으로 변화하는 때는 당신이 그들에게 이용당하면서도 그들을 받아들이는 때이다. 그러면 그들은 스스로 미개한 자리에서 성장하기 시작한다.

우리들 대부분은 큰 부담감을 느끼며 화가 날 때 싫증을 내며 포기할지도 모른다. 그러나 예수 그리스도는 우리에게 모든 것을 내려놓으라고 권하신다.

어떤 사람이 무지의 자리에서 벗어나면 혼란의 기간을 지나게 된다. 그 기간은 무지의 기간보다 종종 더 혼란스럽다. 하지만 혼란의 기간을 지난 후에는 참된 자유를 누리게 된다. 종교 개혁과 노예 해방을 보라. 과도기에는 더 많은 혼란과 이기적인 폭동이 발생하였다. 그러나 그 후에 참 진리로 인한 자유를 맛보지 않았는가.

'크리스천 사이언스'와 같은 진화 사상은 섣부른 결론에 의한 것이다. 10개 중에 9개가 어떤 한 가지 논리를 분명하게 지지하는 것 같아도 결정적인 한 가지 사실이 그 논리와 맞지 않을 때가 많다. 즉, 논리로 설명할 수 없는 부분이 언제나 존재하는 것이다.

이 세상에 대해 설명할 수 있는 유일한 길은 철학이나 인간의 사고에 있지 않고 오직 예수 그리스도를 통해 하나님을 인격적으로 알아 가는 데 있다. 모든 현실 가운데 실제로 일하시는 하나님과 인격적인 관계를 맺고 살아갈 때 우리는 인생 만사를 이해할 수 있게 된다.

제 15 장

인간은 인간일 뿐

전도서 10장

> 인간의 교리가 영혼의 갈망을
> 채우지 못한다고 하여 애통하지 말라.
> 문들을 통해 저 멀리 희미하게 비치는 하늘 빛이 보인다.
> 그 사이 죽음의 문이 활짝 열리자
> 창조주를 보지 못하도록 만들던 미움은 사라지고
> 무한하게 타오르는 끝없는 불못이 보인다!
>
> _ 알프레드 테니슨

"가장 선한 인간이라 해도 그는 단지 인간일 뿐이다"라는 사실을 배우는 것은 허상에서 벗어나는 지름길 중 하나이다. 이 사실을 배우는 데는 많은 시간이 걸린다. 사도 바울 역시 이 사실을 알려 준다.

"마땅히 생각할 그 이상의 생각을 품지 말고 … 그런즉 누구든지 사람을 자랑하지 말라"롬 12:3 ; 고전 3:21.

우리는 언제나 다른 사람, 특히 그리스도인이 어떠해야 한다는 것을 잘 안다. 우리는 모두 다른 사람들을 향해 그들을 판단하며 눈살을 찌푸린다. 우리는 자기 멋대로 높은 기준을 세워놓고는 그 기준에 맞지 않는 자들을 비판한다. 하지만 기독교의 기준은 사람의 기준이 아니라 하나님의 기준이다. 하나님께서 사람에게 그분의 성령을 불어넣지 않으시면 아무도 기독교의 기준에 이를 수 없다. 성경이 말하는 지혜에 의하면, 사람이 하나님과 바른 관계를 맺기 전까지는 다른 사람들에게 늘 혹독하다.

사랑을 예로 들어 보자. 만일 우리가 하나님과 바른 관계를 맺지 않으면 우리의 사랑은 변한다. 우리는 우리가 사랑하는 그 사람에게 무한한 만족을 요구하기 때문이다. 즉, 우리는 사람이 줄 수 없는 사랑을 우리가 사랑하는 그 사람에게 요구하는 것이다. 그러나 인간의 가장 깊은 곳까지 채우실 수 있는 유일한 분은 오직 주 예수 그리스도 밖에 없다.

가장 선한 인간도 인간일 뿐이다

"죽은 파리들이 향기름을 악취가 나게 만드는 것 같이 적은 우매가 지혜와 존귀를 난처하게 만드느니라 지혜자의 마음은 오른쪽에 있고 우매자의 마음은 왼쪽에 있느니라 우매한 자는 길을 갈 때에도 지혜가 부족하여 각 사람에게 자기가 우매함을 말하느니라"
전 10:1-3.

솔로몬이 수년 동안 이스라엘을 훌륭하게 다스렸다는 사실을 아는 자들이 얼마나 될까? 우리는 솔로몬의 어리석은 행동들을 잘 알고 있지만, 솔로몬은 바로 그러한 행동들로 점철된 것이 인생이라고 말한다.

우리에게는 다른 사람들의 죄악은 잘 기억하지만 그들의 선행은 기억하지 않는 경향이 있다. 우리는 다른 사람들의 약점을 들춰냄으로써 그들의 평판을 망가뜨린다. 그러나 그렇다고 해서 그들의 성품 자체를 망가뜨릴 수 있는 것은 아니다. 성품은 그 사람이 실제로 어떤 사람인지를 말해주기 때문이다. 한편, 평판은 다른 사람들이 그 사람에 대해 어떻게 생각하는지를 말하는 것이다.

"오래되고 돈독한 우정도 종종 상대를 나쁜 사람이라고 딱지 붙이는 성급한 교만에 의해 파괴된다."

당신은 어떤 사람을 만난 후에 한마디로 그에 대해 요약하여 판단할 때가 있는가? 만일 그렇다면 당신은 그 사람과 좋은 친구가 될 가능성이 있더라도 그 판단에 의해 결코 그와 친구가 될 수 없음을 명심하라. 이러한 판단은 우정의 가능성을 파괴하기 때문이다.

한편, 우리는 오른쪽과 왼쪽이 서로 완전하게 구별된다는 사실을 망각하는 경향이 있다. 그러면서 다음과 같이 변명한다.

"오, 그래요. 항상 고려할 점이 한 가지 더 있어요. 우리 가운데 가장 악한 자에게도 좋은 점이 많고, 우리 중에 가장 선한 자에게도 악한 점이 많지요. 그러므로 우리 중에 그 누구도 다른 사람에 대해 판단하는 것은 옳지 않아요."

물론 가장 선한 사람이라도 고작 사람인 것은 사실이다. 하지만 가장 선한 사람은 '하나님 외에는 의인이 없다'는 사실을 기억하며 자신이 아는 바 최고의 기준을 붙드는 도덕적인 역량을 지닌 자들이다.

"지혜자의 마음은 오른쪽에 있고 우매자의 마음은 왼쪽에 있느니라"는 말씀은 지혜자의 마음은 바른 생각에 따른 바른 결정을 하고 우매자는 어리석은 결정을 내리고 그 결정에 마음을 쏟는다는 뜻이다.

사람들과 친분을 가질 때, 그 대상이 상사이든 존경의 대상이든 완벽한 사람은 없다는 사실을 기억하라. 당신은 반드시 상대의 단점을 발견하게 될 것이다. 상대의 나쁜 점만 기억하려는 악습의 덫에 걸리지 않도록 주의하라. 우리는 상대의 나쁜 점만 보려는데 매우 익숙해져 있기 때문이다.

사람의 지위와 그의 행동

"주권자가 네게 분을 일으키거든 너는 네 자리를 떠나지 말라 공손함이 큰 허물을 용서 받게 하느니라 내가 해 아래에서 한 가지 재난을 보았노니 곧 주권자에게서 나오는 허물이라 우매한 자가 크게 높은 지위들을 얻고 부자들이 낮은 지위에 앉는도다 또 내가 보았노니 종들은 말을 타고 고관들은 종들처럼 땅에 걸어 다니는도다"전 10:4-7.

솔로몬은 분명한 사실을 언급한다. 대부분의 사람들은 너무 눈치를 보느라 분명한 진리마저 언급하지 않을 때가 많다.

솔로몬은 폭군의 권력 아래 놓인 자에 대해 다루고 있다. 눈치 빠른 사람들은 보통 자신들보다 더 높은 권력을 가진 자가 어떤 사람인지에 따라 행동을 크게 달리한다. 하지만 솔로몬의 조언은 놀랄 정도로 지혜롭다.

"주권자가 네게 분을 일으키거든 너는 네 자리를 떠나지 말라"전 10:4.

즉, 폭군이 나를 향해 분노할 때 분노하도록 내버려 두라는 것이다. 그 이유는 때가 되면 그 분노가 사그라질 것이기 때문이다. 사실 우리 인생 가운데 마음속에 쓴 뿌리가 남게 되는 때는 권력을 가진 폭군들이 제멋대로 횡포를 휘두르는 때이다.

우리는 스스로를 위한 공평을 구하지 말고 다른 사람들에게 공평을 행하라는 예수 그리스도의 교훈을 꺼린다. 하지만 당신이 자신을 위한 공평을 추구한다면 당신의 마음은 독해질 것이며, 나아가 그리스도 예수님의 제자가 될 수 없을 것이다. 만일 당신이 하나님과 깊은 관계를 맺고 있다면 폭군 아래 있더라도 얼마든지 참을 수 있을 것이다. 즉, 당신의 행동은 악한 상황에 의해 정해지는 것이 아니라 훨씬 그 이전부터 맺었던 하나님과의 관계에 의해 정해지는 것이다.

마찬가지로 당신이 사람들을 의식하며 그들을 섬기고 그들에게 순종한다면, 어느새 당신의 마음은 상하게 될 것이다. 하지만 당신이 예수 그리스도 때문에 사람들을 섬긴다면 그 어떤 것도 당신을 낙심케 할 수 없을 것이다고후 4:5.

솔로몬은 당신이 폭군 아래에 있을 때 입을 다물고 있으라고 권면한다. 이는 그들 앞에서 말을 해보아야 돌아오는 것이 없기 때문이다. 처신을 올바르게 하라. 기다리다 보면 모든 것이 정상으로 돌아올 것이다. 일반적으로 혈기를 빨리 내는 자는 자신의 잘못을 알고 빨리 수습하려고 한다. 당신이 조심해야 하는 사람은 혈기를 잘 내는 사람이 아니라 마음속에 불타는 앙심을 품고 당신을 무너뜨리려고 기회를 노리는 자이다.

"우매한 자가 크게 높은 지위들을 얻고 부자들이 낮은 지위에 앉는도다"전 10:6.

지혜롭지 않은 주권자는 편애에 빠져서 우매한 자를 높은 지위에 앉힌다. 한편 세상 영광을 추구하는 자들은 권력을 쥔 주권자들을 배후 세력으로 삼고 그들의 끄나풀이 된다. 그리스도인에게 이 세상은 결코 안전한 장소가 아니다. 언제나 하나님과의 관계를 가장 우선으로 여기고 그 관계에 따라 행동해야 승리할 수 있다.

주권자에게 가장 어려운 일들 중에 하나는 어떤 지위가 비어 있을 때 그 지위에 알맞은 사람을 찾아서 세우는 일이다. 바른 사람을 찾아내어 적절한 지위에 세우는 주권자는 금처럼 귀한 주권자가 될 것이다. 그러나 솔로몬은 그러한 주권자는 거의 찾아볼 수 없다고 말한다.

사람의 동기가 운명을 정한다

"함정을 파는 자는 거기에 빠질 것이요 담을 허는 자는 뱀에게 물리리라 돌들을 떠내는 자는 그로 말미암아 상할 것이요 나무들을 쪼개는 자는 그로 말미암아 위험을 당하리라 철 연장이 무디어졌는데도 날을 갈지 아니하면 힘이 더 드느니라 오직 지혜는 성공하기에 유익하니라"전 10:8-10.

고집 센 사람들은 대부분 신중하지 못하다. 따라서 그들은 조만간 어쩔 수 없이 자신들의 결정을 수정하게 된다. 서둘러 결정하는 인생은 문제투성이다. 보기 싫은 울타리를 너무 성급하게 제거하는 일이 없도록 하라. 어떤 행동을 할 때 그 행동의 동기는 우리의 인생을 결정한다. 즉, 반드시 우리는 그 행동으로 인한 결과를 보게 된다. 열심을 내는 것이 모든 문제를 해결할 수는 없다. 열심을 내더라도 동기가 잘못되면 우리는 열심을 품은 정신병자가 될 수 있다.

우리는 "술 취하면 무능해진다"고 말하지만 정신이 맑은 사람이 무능할 수도 있다. 열정이 있으면서도 유능하다면 정말 훌륭한 것이다. 솔로몬은 열정 때문에 삶의 초점을 잃는 일이 없도록 주의하라고 경고한다. 19세기 스코틀랜드 복음전도자로 무디의 설교를 듣고 그리스도를 영접한 존 맥네일John McNeil은 도끼머리를 잃어버린 엘리사의 생도에 대해 말하였다.

"만일 그가 현대 학교를 다녔다면 선생으로부터 '도끼 자루로 계속 쳐라. 열심히 하면 안 되는 것이 없다'라고 말을 들었을 것이다."

솔로몬은 열심은 어리석은 자의 특징일 수 있다고 지적한다. 사람들은 종종 하나님과 바른 관계를 맺으려면 열심히 기도해야 한다고 말하지만, 성경을 주의 깊게 읽어 보면 누가복음 11장 외에는 예수 그리스도께서 기도의 열심을 권면한 적이 없다. 또한 그 기도도 자신을 위한 기도가 아닌 다른 사람들을 위해 간청하는 기도이다. 오히려 예수 그리스도는 진실한 기도를 권면하셨다.

"또 기도할 때에 이방인과 같이 중언부언하지 말라 그들은 말을 많이 하여야 들으실 줄 생각하느니라 그러므로 그들을 본받지 말라 구하기 전에 너희에게 있어야 할 것을 하나님 너희 아버지께서 아시느니라"마 6:7-8.

기도가 응답되는 이유는 결코 열심 때문이 아니다. 기도 응답은 구속의 바탕 때문에 이루어진다히 10:19.

하나님의 평가가 중요하다

"주술을 베풀기 전에 뱀에게 물렸으면 술객은 소용이 없느니라 지혜자의 입의 말들은 은혜로우나 우매자의 입술들은 자기를 삼키나니 그의 입의 말들의 시작은 우매요 그의 입의 결말들은 심히 미친 것이니라 우매한 자는 말을 많이 하거니와 사람은 장래 일을 알지 못하나니 나중에 일어날 일을 누가 그에게 알리리요 우매한 자들의 수고는 자신을 피곤하게 할 뿐이라 그들은 성읍에 들어갈 줄도 알지 못함이니라"전 10:11-15.

만일 당신이 지혜로운 사람이라면 예측할 수 없는 일이 항상 발생할 수 있다는 사실을 염두에 둘 것이다. 당신이 채용한 술객이 뱀을 홀릴 것이라고 장담하지 말라. 뱀이 먼저 당신을 물지도 모르기 때문이다.

사람의 혈통은 출생 이전에 결정된다. 사람이 모두 똑같이 태어난다는 이론은 현실과는 동떨어진 이야기이다. 어떤 사람들은 태어나기 이전부터 불구이며, 또 어떤 이들은 태어나기 전부터 완벽한 골격을 갖춘다. 각 사람의 유전은 뚜렷하게 다르다.

교육은 매번 중요하게 여겨지지만 너무 지나친 교육은 천재를 만들어 내기도 하고 그와 동시에 광인을 만들어 내기도 한다.

하나님이 보실 때 사람의 가치는 혈통과 교육 정도에 있지 않다. 하나님께는 하나님과 진실한 마음의 관계를 맺는 자가 가장 중요하다. 그러므로 사람은 다른 사람을 판단할 수 없다. 예수 그리스도께서 이 땅에 오셨을 때, 그분은 사람들의 혈통과 학력에 아무런 관심이 없으셨다. 솔로몬은 당신이 지혜롭다면 현실적인 삶의 문제에 있어서 사람의 혈통과 학력을 살펴볼 것이라고 말한다. 그러나 당신이 하나님의 관점으로 사람을 평가한다면 그들이 하나님과 어떤 관계를 맺고 있는지 살필 것이다.

성품이 지능보다 중요하다

"왕은 어리고 대신들은 아침부터 잔치하는 나라여 네게 화가 있도다 왕은 귀족들의 아들이요 대신들은 취하지 아니하고 기력을 보하려고 정한 때에 먹는 나라여 네게 복이 있도다"전 10:16-17.

아침부터 잔치를 배설하고 하나님의 정한 질서를 바꾸는 통치자들은 천박한 향락주의자들이다. 단지 높은 권력만으로 사람을 다스리는 통치자는 비참한 나라를 만든다. 백성들은 탄압을 받아 마음이 무너지고, 분한 마음에 말이 사라진다. 이는 통치자에게 문제가 있는 것이다. 신실한 사람 하나가 다른 사람들에게 끼치는 영향은 측량할 수 없다. 반면 신실한 성품을 갖지 못한 자가 다른 사람들 위에 군림한다면 이는 참으로 비극적인 저주나 다름없다.

사람의 성품은 언제나 지능보다 중요하다. 하나님의 규율을 귀하게 여기는 자의 통치는 그 통치자가 귀한 사람이기에 그의 통치 역시 귀하게 평가받을 것이다. 반면, 하나님의 율법을 우습게 아는 통치자 아래에 있는 백성은 끔찍한 형편에 처하게 된다.

게으른 돌팔이는 가난하게 된다

"게으른즉 서까래가 내려앉고 손을 놓은즉 집이 새느니라 잔치는 희락을 위하여 베푸는 것이요 포도주는 생명을 기쁘게 하는 것이나 돈은 범사에 이용되느니라 심중에라도 왕을 저주하지 말며 침실에서라도 부자를 저주하지 말라 공중의 새가 그 소리를 전하고 날짐승이 그 일을 전파할 것임이니라"전 10:18-20.

솔로몬은 "게으른즉 서까래가 내려앉고 손을 놓은즉 집이 새느니라"하며 게으른 돌팔이는 가난하게 된다는 사실을 지적한다.

이 구절은 종종 "할 일이 많은데 내가 왜 그 일을 하여야 하는가?" 또는 "잠깐이면 마칠 수 있는 일을 왜 제대로 하느라 오랜 시간을 들여야 하는가?"라고 이해할 수 있을 것이다. 이러한 삶의 자세는 반드시 가난을 가져온다. 지혜로운 사람이라면 엉터리로 해놓은 일에 만족하지 않을 것이다.

"돈이면 다 된다"는 속담이 있다. 그러나 이 속담은 성경과 상충된다. 돈에 대해 이러한 자세를 취한다면 돈으로 치부를 가릴 수 있을지는 모르나 그 돈은 당신을 궁극적으로 비참하게 만들 것이다.

"심중에라도 왕을 저주하지 말라"전 10:20.

결과가 없는 행동이란 있을 수 없다. 예수 그리스도는 우리에게 "너희가 헤아리는 그 헤아림으로 너희도 헤아림을 도로 받을 것이니라"눅 6:38고 우리에게 주의를 주셨다. 삶의 바탕은 보응이다. 그러나 우리 주님은 우리에게 보복을 허락하지 않으신다.

제 16 장

쓸모없는 이성주의

전도서 11장

그릇된 자들을 두려워함으로
옳은 것에서 물러선 때가 있었지.
원수가 너무 강해
용감하게 거룩한 싸움을 싸우지 못하였다오.
하지만 이제 나는 그러한 연약한 두려움과
끔찍한 수치를
던져 버렸다네.
악인들을 두려워함은 태만이지만,
천국을 바라보며 용감히 나아가는 것은
영원한 영광이 되리라.

_ 뉴먼 John Henry Newman, 1801–1890, 영국의 신학자이자 시인

이성주의는 비판의 수단이지만 선한 행동을 위해서는 놀랄 정도로 소심하게 반응한다. 이성주의의 이름으로 과감한 행동을 행하는 일은 전혀 없다. 삶 가운데서 큰 위기가 다가올 때마다 이성주의 자들은 소심해져서 조용히 사라진다. 책을 쓰는 데는 훌륭하고, 신앙의 헛됨을 지적하는 데는 심혈을 기울이지만, 그들은 그들이 비판하는 사람들이 남긴 위대한 열매들과 고상함을 흉내조차 내지 못한다. 결국 이성에 치우친 자들은 과감한 모험을 할 기회가 찾아왔을 때 그 기회를 거절하는 소심한 자가 된다.

사람들은 예수 그리스도께서 상식에 반하는 그 어떤 것도 가르치지 않으셨다고 주장한다. 하지만 예수 그리스도께서 가르치신 교훈 전체가 상식에 반한다. 산상수훈의 교훈도 상식과는 거리가 멀다. 기독교의 근본은 상식도 아니며 이성주의도 아니다. 기독교의 근본은 예수 그리스도 안에서 하나님과 인격적인 관계를 맺는 것이다. 그리고 보이지 않는 그 관계를 기초로 하여 모든 것을 탐험하여 나아가는 것이 신앙생활이다.

또한 사람들은 하나님께서 우리가 '거룩한 상식'을 사용할 것을 기대하신다고 주장하지만, 그런 식으로 기독교를 정의하면 예수 그리스도는 미친 사람이라는 결론에 이르게 된다. 만일 당신이 논리와 이해타산의 선상에서 기독교를 접근한다면 혼돈에 빠지게 될 것이다. 이성주의는 우리로 하여금 신랄하게 비판하게 만들지만 삶에서는 소심한 자로 만든다. 이성주의에 빠진 자들은 그리스도로 인하여 어리석게 된 자들의 행동을 전혀 이해할 수 없으며 그로 인해 믿음의 행동을 나타낼 수 없다.

허비의 삶을 권함

"너는 네 떡을 물 위에 던져라 여러 날 후에 도로 찾으리라"전 11:1.

솔로몬은 주님이 산 위에서 교훈하신 내용을 자세하게 언급한다. 즉, 우리가 베푸는 이유는 상대가 받을 만한 자격이 되기 때문이 아니라 그리스도께서 주라고 명하셨기 때문이다. 성경은 베푸는 삶을 권면한다. 남에게 줄 것이 있는 한 우리는 주면서 살아야 한다. 하지만 문명은 어떤 질문을 하는가?

"이 사람은 내가 주는 것을 받을 자격이 되는가?"

또는 이렇게 말하기도 한다.

"만일 내가 그에게 돈을 준다면 그가 그 돈을 어떻게 쓸지 알고 있다."

예수 그리스도께서는 "구하는 자에게 주라"고 하신다. 어떤 사람이 받을 만한 자격이 되어서 주는 것이 아니라 주께서 명하셨기 때문에 주는 것이다마 5:42. 그러나 대부분의 사람들은 허비하는 일을 만들지 않기 위해 나누는 데 대단히 과민하게 반응한다.

'허비'는 신앙의 삶을 위한 유일한 기준이다. 우리는 '허비하는 삶'을 신앙의 삶으로 삼기에 우리는 너무나 계산적이고 상식적이 되어 버렸다. 즉, 그리스도의 말씀을 실현하는 것보다 우리 자신을 실현하는데 모든 관심이 가 있다.

허비에 대한 권면은 성경 전체에서 발견할 수 있다. 우리는 '이성의 소심함' 때문에 주님의 권면을 무시하는 경향이 있다. 예수 그리스도께서 유일하게 칭찬하신 사건은 베다니에 사는 마리아의 '허비 행위'였다. 그녀의 행위는 의무도 아니었고 유용하지도 않았다. 그러나 우리 주께서는 주의 복음이 전파되는 곳마다 "이 여자가 행한 일도 말하여 그를 기억하리라"마 26:13고 하셨다. 하지만 철저하게 이성적인 제자들은 마리아의 행위를 보고 '이 얼마나 큰 허비인가!'라고 안타까워했다. 그때 예수 그리스도께서는 "그가 내게 좋은 일을 하였느니라"마 26:10고 말씀하셨다. 예수 그리스도를 향한 참된 헌신의 특징은 바로 '거룩한 허비'로 나타난다.

계산적인 삶이 주는 혼란

"일곱에게나 여덟에게 나눠 줄지어다 무슨 재앙이 땅에 임할는지 네가 알지 못함이니라 구름에 비가 가득하면 땅에 쏟아지며 나무가 남으로나 북으로나 쓰러지면 그 쓰러진 곳에 그냥 있으리라 풍세를 살펴보는 자는 파종하지 못할 것이요 구름만 바라보는 자는 거두지 못하리라"전 11:2-4.

죽음은 아무것도 변화시키지 못한다. 죽음에 대한 세속적인 견해는 그것이 큰 변화를 가져온다는 것이다. 성경은 죽음을 확인 수단으로 본다. 즉, 죽음은 또 다른 기회를 가져오는 변화가 아니라 기회가 사라졌음을 확인하여 주는 수단이다. 성경을 대할 때 우리는 죽음에 대한 이러한 관점을 만나게 된다.

경제적인 사고에 의하면 지금은 부족하지 않더라도 언젠가 부족할 때를 대비하여 아끼면서 지내야 한다. 당신이 경제적으로 손실을 따지는 사람이 되면 당신은 아무것도 모험하지 않게 된다. 우리는 이해타산을 신성화한 후에 보험과 경제를 보좌에 앉힌다. 그런 뒤 모험이나 허비와는 전혀 거리가 먼 삶을 산다. 하나님과 연관해서 '경제'라는 단어를 사용하지 마라. 이는 하나님을 깎아내리는 것이며 그분을 오해하는 것이다. 주께서 창조하신 태양의 일출과 일몰에서 무슨 경제적인 면을 발견할 수 있는가? 풀과 꽃과 나무에서 무슨 경제 활동을 기대할 수 있는가? 아무에게도 유용하게 쓰이지 않으면서 존재하는 것들이 이 세상에는 너무나 많다. 우리 중에 몇이나 태양의 일출과 일몰에 신경을 쓰며 그 활동의 손실과 손해를 따지는가? 하지만 일출과 일몰은 늘 변함없이 진행된다. 이처럼 지나친 허비는 하나님의 특징이다. 즉, 하나님은 경제적인 손실을 따지는 것과 거리가 먼

분이다. 은혜란 하나님의 차고 넘치는 호의를 의미한다. 사랑에 빠진 사람이 그 대상을 향해 경제적인 손실을 따지던가? 그렇다면 그 사랑은 이미 사랑이 아니다. 영적으로 각성한 사람들의 특징은 더 이상 계산이나 경제적인 개념으로 하나님을 대하지 않는다는 사실이다.

상식은 사소한 일들 가운데 주로 사용된다. 그러나 상식이 삶의 근본이 될 수는 없다. 상식은 소심함이 특징이다. 이성주의와 상식은 지혜롭게 들리고 미묘한 것들까지 따지지만 그 근본은 소심함이기 때문에 결코 과감한 믿음의 행동을 할 수 없다. 오늘날 우리는 가난을 두려워한 나머지 가난해지는 것과 관련한 어떤 결정이나 행위를 다 멀리한다. 우리는 스스로 가난을 취하였던 중세 수도승과는 완전히 반대 되는 삶을 살아간다. 많은 사람들이 어쩔 수 없이 가난해졌다. 그러나 스스로 가난을 택한 자들은 아무도 없다.

중세 수도승들은 내면의 삶을 온전하게 하기 위한 유일한 방법이 가난을 택하는 것이라고 믿었다. 반면 현대인들은 우리가 허비하는 삶을 살면 저축한 게 없기 때문에 비바람이 치는 날 삶이 무너져 내릴 것이라고 본다. 하지만 예수 그리스도의 가르침에 의하면 비바람 치는 날을 대비하여 미리 쌓아 놓는 것은 합당하지 않다. 만일 우리가 하나님의 지혜를 믿지 않고 우리 자신의 지혜를 믿는다면 우리는 진실한 그리스도인이 아니다. 하나님을 불신하는 사람들은 자신의 지혜로 삶을 안정감 있게 꾸리기 위해 모든 방도를 추구한다. 따라서 보험과 경제와 염려에 빠져든다.

해설의 제약

"바람의 길이 어떠함과 아이 밴 자의 태에서 뼈가 어떻게 자라는 지를 네가 알지 못함 같이 만사를 성취하시는 하나님의 일을 네가 알지 못하느니라 너는 아침에 씨를 뿌리고 저녁에도 손을 놓지 말라 이것이 잘 될는지, 저것이 잘 될는지, 혹 둘이 다 잘 될는지 알지 못함이니라"전 11:5-6.

합리주의자들은 모든 것을 논리로 설명하려고 한다. 내가 하나님과 관련한 것들을 이성으로 설명하려고 하지 않는 이유는 그것으로는 하나님을 정의할 수 없기 때문이다. 만일 우리가 하나님을 정의할 수 있다면, 이는 우리가 하나님보다 더 크다고 주장하는 것이 된다. 우리가 만일 사랑과 삶을 정의할 수 있다면 우리는 그것들 위에 있다는 말이 된다. 솔로몬은 우리가 알 수 없고 정의할 수 없는 것들이 이 세상에 엄청나게 많다고 말한다. 따라서 우리는 많은 것들을 있는 그대로 믿어야 한다. 이에 솔로몬은 세상만사를 설명하거나 정의하는 데 있어서 너무나 많은 관심과 독단을 피할 것을 권면한다.

그리스도인들은 불가지론자가 되기로 맹세한 자들이다. 즉, 우리의 이성으로는 하나님을 다 알 수 없다고 인정한 자들이다. 따라서 예수 그리스도에 의해 계시된 하나님만을 받아들인다. 비록 하나님에 대해 아무것도 모르고 또한 세상사를 보면 하나님이 선하게 보이지 않을지라도, 여전히 예수 그리스도의 계시를 따라 하나님은 선하다고 믿는 것이다. 종종 세상에서 발생하는 일들을 볼 때 하나님의 선하심이 와 닿지 않더라도 참된 그리스도인들은 그리스도의 계시를 붙들고 하나님의 선하심을 믿는다.

"너는 아침에 씨를 뿌리고…"전 11:6.

즉, 사건의 기원과 결말에 신경 쓰지 말라는 것이다. 단지 하나님 앞에서 할 일을 하라는 뜻이다. 당신이 다른 사람에게 줄 때 즉, 씨를 뿌릴 때 그들이 그것을 옳게 받든 그르게 받든 신경 쓰지 말고 계속 선을 뿌리는 데 힘쓰라는 것이다. 뿌리는 일에 힘쓰고 결과는 하나님께 맡겨야 한다.

경험에 의한 자각

"빛은 실로 아름다운 것이라 눈으로 해를 보는 것이 즐거운 일이로다 사람이 여러 해를 살면 항상 즐거워할지로다 그러나 캄캄한 날들이 많으리니 그 날들을 생각할지로다 다가올 일은 다 헛되도다"전 11:7-8.

솔로몬은 우연하게 보이는 모든 상황에 대한 실질적인 삶의 자세에 대해 언급한다. 즉, 하나님께 대한 확신을 가지고 현실을 살아가야 한다고 말한다. 솔로몬은 당신의 삶을 빛과 즐거움으로 가득하게 하라고 권면한다. 즉, 어떤 상황에서도 하나님을 확신하면서 주어진 삶을 즐기라는 것이다. 우리는 좋은 시간을 보내면서도 "이 좋은 시간은 계속 되지 않을 거야"라고 염려하는 경향이 있다. 즉, 우리는 열악한 상황을 자주 예측한다. 그러다가 한 가지 문제가 발생하면 더 많은 문제를 예측하며 염려에 빠진다. 그러나 성경은 우리에게 즐거워하라고 권면한다. 심지어 '캄캄한 날들을 생각할지라도' 즐거워하라고 권면한다.

성경은 즐거운 날들을 술을 마시는 것으로 표현한다시 104:15. 물론 이는 현대 사회의 술 취함과는 다른 의미이다. 우울할 때 술을 마시는 것은 나쁜 짓이다. 솔로몬은 사람들이 자신들이 왜 이 땅에 와 있는지를 기억하며 즐거움을 누릴 줄 알아야 한다고 예리하게 말하고 있다. 이 세상은 즐거움을 위해 존재한다. 하지만 "오직 우리에게 모든 것을 후히 주사 누리게 하시는 하나님께"딤전 6:17 소망을 둘 때 즐겁다.

> "그런즉 너희가 먹든지 마시든지 무엇을 하든지 다 하나님의 영광을 위하여 하라"고전 10:31.

이성주의 선상에서 따지는 자들은 "그것은 옳지 않으니 하지 마라"고 말한다. 하지만 바울은 그들과 전혀 다르게 권면하다.

"그런즉 너희의 자유가 믿음이 약한 자들에게 걸려 넘어지게 하는 것이 되지 않도록 조심하라 지식 있는 네가 우상의 집에 앉아 먹는 것을 누구든지 보면 그 믿음이 약한 자들의 양심이 담력을 얻어 우상의 제물을 먹게 되지 않겠느냐 그러면 네 지식으로 그 믿음이 약한 자가 멸망하나니 그는 그리스도께서 위하여 죽으신 형제라 이같이 너희가 형제에게 죄를 지어 그 약한 양심을 상하게 하는 것이 곧 그리스도에게 죄를 짓는 것이니라 그러므로 만일 음식이 내 형제를 실족하게 한다면 나는 영원히 고기를 먹지 아니하여 내 형제를 실족하지 않게 하리라"고전 8:9-13.

솔로몬이 권하는 삶의 자세는 안전하고 건전한 것이다. 즉, 사람은 하나님과 바른 관계에 있으면서 자신의 삶을 즐겨야 하며, 또한 다른 사람들 역시 삶을 즐길 수 있도록 도와야 한다는 것이다.

젊음에 집중하라, 젊음을 누려라

"청년이여 네 어린 때를 즐거워하며 네 청년의 날들을 마음에 기뻐하여 마음에 원하는 길들과 네 눈이 보는 대로 행하라 그러나 하나님이 이 모든 일로 말미암아 너를 심판하실 줄 알라 그런즉 근심이 네 마음에서 떠나게 하며 악이 네 몸에서 물러가게 하라 어릴 때와 검은 머리의 시절이 다 헛되니라"전 11:9-10.
"그러나 하나님이 이 모든 일로 말미암아 너를 심판하실 줄 알라"
전 11:9.

여기서 '심판'은 삶의 영역이 넓어짐으로 발생하는 책임을 의미한다. 하나님은 당신의 숨은 죄악을 일일이 찾아내어 벌하시는 분이 아니다. 그러나 그분을 향한 당신의 마음과 생각이 커질수록 당신의 책임 역시 커지는데, 그 책임을 다하는 것은 곧 주어진 일에 더욱 집중하는 것이다.

인생을 살다 보면 우리의 마음을 넓혀 주는 사람을 만날 때가 있다. 그때 우리는 마음이 커지는 것을 느끼게 된다. 솔로몬은 이러한 때에 우리가 더욱 집중해야 할 책임이 있음을 알려 준다. 만일 그 책임을 다하지 못하면 끔찍한 봉변을 당하게 될 것이다. 젊은 청년이 감당할 수 없는 무거운 짐을 지고 쓰러지는 것을 보는 것은 참으로 애처롭다. 젊은이들은 삶의 영역이 더 커짐에 따라 더 큰 집중력을 필요로 한다. 그것이 바로 솔로몬이 말하는 "네 청년의 날들을 마음에 기뻐하라"는 구절의 참 뜻이다. 즉, 솔로몬은 젊은 시절의 방탕을 반대하면서 젊을 때 자신의 책임을 바르게 인식하며 삶에 충실할 것을 권면한다.

젊은 시절은 사랑, 신앙, 그리고 미래를 향한 모험을 시작해야 하는 때이다. 그때 젊은이들은 더욱 큰 집중력을 가져야 한다. 이 말은 삶의 영역을 위해 모든 힘을 다 쏟아야 한다는 뜻이다. 그렇지 않으면 당신은 지독한 감상주의자가 될 것이다. 당신이 이 진리를 붙잡고 행할 때 당신에게 커다란 자유와 도약이 있을 것이다.

"그런즉 근심이 네 마음에서 떠나게 하며 악이 네 몸에서 물러가게 하라"전 11:10.

젊음은 젊음이고 늙음은 늙음이다. 늙은 사고를 젊은이들에게 강요해서는 안 된다. 노인들은 그 어떤 것을 향해서도 열정이 없는 삶의 스타일을 젊은이들에게 요구해서는 안 된다. 솔로몬에 의하면 젊은이의 삶은 희열이 충만해야 한다. 솔로몬은 젊은이들에게 가진 재능을 최대한 살릴 것을 권한다. 열정을 가지고 실력을 연마하여 모든 면에서 생동력 넘치는 삶을 살라고 권한다. 하지만 이를 위해 책임질 것이 있다. 그것은 자신의 삶을 더 높은 차원에서 바라보며 집중하는 것이다. 그렇지 않으면 몽상가가 될 뿐이다. 어떤 청년이 시인 또는 예술가가 되려는 비전을 가졌다고 하자. 그렇다면 그는 자신을 표현할 줄 아는 방법을 배워야 한다. 자신의 예술성을 매개체로 자신을 나타낼 수 있어야 한다.

예술성을 지닌 자들은 많지만 예술가가 되는 자들은 극소수이다. 그 이유는 자신을 표현하는 기술을 배우기를 거절하기 때문이다. 예술성이 있는 사람들은 그 예술을 표현하기 위해 머리를 짜내는 과정을 지나야 하는데 그 과정을 지나지 못하는 것이다. 그들의 예술성은 아무렇게나 터져 나오지만 그것은 다른 사람들에게 그 의미와 감동을 전달할 수 있는 작품이 되지 못한다. 그러한 돌발 행동은 예술이 아니라 도리어 예술을 더럽히는 방해꾼이 된다. 솔로몬의 권면은 강하고 분명하다.

"청년이여 네 어린 때를 즐거워하며 네 청년의 날들을 마음에 기뻐하라."

자신의 삶을 즐기지 못하는 젊은이는 하나님에게나 사람에게 무용한 존재일 뿐이다. 이는 그가 자기 삶에 대해 악한 자세를 취하였기 때문이다. 삶을 즐길 줄 아는 청년은 현재의 자신을 있는 그대로 받아들인다.

젊은이들이여! 안일함과 무책임한 과거로 돌아가려는 다리를 불태워 버리고 넓고 깊어진 삶을 있는 그대로 받아들여라. 그리고 계속 전진하라.

제 17 장

무너지는 장막

전도서 12장

우리는 지금까지 전도서를 통해 어떻게 해야 인생의 기쁨을 누릴 수 있는지를 살펴보았다. 이제 우리는 그러한 즐거움들이 사라지는 날들에 대해 듣게 될 것이다. 그날엔 젊음의 광채가 사라질 것이다. 사물들에 대한 예리한 감각들도 수그러들 것이다. 해와 달과 별들은 구름에 가려질 것이다. 전도서 12장은 대조법으로 구성되어 있다.

젊음의 날이 저물 때

"너는 청년의 때에 너의 창조주를 기억하라"전 12:1.

우리는 평생 하나님을 알아가야 한다. 가능한 어린 시절에 하나님을 발견하는 것이 가장 좋다.

"또 어려서부터 성경을 알았나니 성경은 능히 너로 하여금 그리스도 예수 안에 있는 믿음으로 말미암아 구원에 이르는 지혜가 있게 하느니라"딤후 3:15.

"또 아비들아 너희 자녀를 노엽게 하지 말고 오직 주의 교훈과 훈계로 양육하라"엡 6:4.

하나님을 아는 것은 나이 든 뒤보다 어린 시절이 훨씬 더 쉽다. 또한 성격과 몸이 형성되는 어린 시절이 나이 들어서보다 훨씬 더 쉽게 하나님의 기준에 맞추어질 수 있다.

육체의 힘이 최고로 발달하는 청년의 때 하나님을 인격적으로 알기 위해 더욱 노력하라. 탕자는 모든 것을 탕진한 후에야 아버지를 기억하였다. 하지만 그는 아버지가 그에게 유산을 물려줄 때 그분의 사랑과 돌보심을 감사하면서 아버지를 기억해야 마땅했다. 하나님은 우리에게 모든 좋은 것들을 풍성하게 주신다. 특히 어린 시절과 젊은 시절에 가장 풍성하고 귀한 것들을 부어 주신다. 그때 우리는 하나님을 기억해야 한다. 그렇지 않으면 인생을 탕진할 뿐만 아니라 하나님의 마음을 지독하게 아프게 할 것이다.

"곧 곤고한 날이 이르기 전에, 나는 아무 낙이 없다고 할 해들이 가깝기 전에…"전 12:1.

곤고한 날은 몸이 쇠약해진 늙은 때를 말한다. 우리 인생에는 반드시 늙고 곤고한 때가 찾아온다. 모세의 경우 "나이 백이십 세였으나 그의 눈이 흐리지 아니하였고 기력이 쇠하지 아니하였다"신 34:7. 이는 매우 특이한 경우이다. 성경에는 소위 노인의 유언 장면이 묘사되는데, 우리는 그곳에서 노인들의 몸이 허약하며 곤고한 것을 보게 된다. 예를 들어, 이삭이 유언할 때 그는 늙었고 그 눈은 침침해 사물을 보지 못했다. 야곱 역시 몸이 노쇠하였다.

"어떤 사람이 요셉에게 말하기를 네 아버지가 병들었다 하므로 그가 곧 두 아들 므낫세와 에브라임과 함께 이르니"창 48:1.

늙은 야곱은 침상에 앉아 손을 펴고 손자들을 축복하였다. 노쇠한 몸을 일으켜 세운 후 젊은 손자들을 위해 하나님의 복을 비는 모습은 참으로 아름답고 귀하다.

"나를 모든 환난에서 건지신 여호와의 사자께서 이 아이들에게 복을 주시오며"창 48:16.

신약에서도 비슷한 장면들을 보게 된다. 늙은 스가랴, 늙은 시므온, 늙은 바울, 늙은 베드로 등 육신의 장막을 벗을 때가 다가오자 그들은 젊은이들에게 복을 빈다. 젊은 때에 창조주를 기억한 자는 늙은 때에도 하나님을 가장 소중하게 여기게 된다.

맑은 하늘과 안개 낀 시력

"해와 빛과 달과 별들이 어둡기 전에, 비 뒤에 구름이 다시 일어나기 전에 그리하라"전 12:2.

인생에는 젊음의 광채를 잃는 때가 온다. 그때는 이전처럼 힘을 낼 수 없다. 젊은이들의 예리한 눈에 비치는 이 땅의 아름다움은 얼마나 대단한가! 위대한 시인들은 젊을 때에 영원히 남게 될 시들을 지었다. 아이들의 마음에 이 세상이 밝고 흥미진진하게 비치는 것은 하나님께서 그렇게 정하신 것이다. 그들은 자연의 즐거움을 만끽할 수 있는 용량을 지녔으며, 이러한 용량은 결코 거부되어서는 안 된다.

하지만 거듭난 영혼들의 눈은 더욱 예리해져서 하나님의 나라를 보기 시작한다. 존 밀턴John Milton, 1608-1674은 젊을 때 눈이 열려 자연적인 아름다운 것들을 많이 보았다. 시력을 잃은 후 도리어 영적인 눈이 열려 더욱 귀하고 아름다운 것들을 볼 수 있게 되었다.

오직 비관론자들만이 젊은 시절의 사랑스러움과 매력을 멸시한다. 하지만 그리스도인들은 젊음의 아름다움 역시 '헛되다'는 사실을 배워야 한다. 젊은 시절의 사랑스러움과 매력은 언젠가 사라질 것이다. 우리는 그것들을 잡아보려고 노력하지만 젊음의 즐거움과 행복은 손가락 사이로 모두 빠져나간다.

우람한 집과 무너지는 처소

"그런 날에는 집을 지키는 자들이 떨 것이며 힘 있는 자들이 구부러질 것이며 맷돌질 하는 자들이 적으므로 그칠 것이며 창들로 내다 보는 자가 어두워질 것이며 길거리 문들이 닫혀질 것이며 맷돌 소리가 적어질 것이며 새의 소리로 말미암아 일어날 것이며 음악 하는 여자들은 다 쇠하여질 것이며 또한 그런 자들은 높은 곳을 두려워할 것이며 길에서는 놀랄 것이며 살구나무가 꽃이 필 것이며 메뚜기도 짐이 될 것이며 정욕이 그치리니 이는 사람이 자기의 영원한 집으로 돌아가고 조문객들이 거리로 왕래하게 됨이니라"전 12:3-5.

성경은 종종 사람의 몸을 집으로 묘사한다. 건장한 몸은 우람한 집으로 묘사된다. 창세기 1장 27절을 보면 사람의 몸이 처음으로 '건축'되는 장면이 묘사되어 있다.

"하나님이 자기 형상 곧 하나님의 형상대로 사람을 창조하시되 남자와 여자를 창조하시고"창 1:27.

하나님의 예술적인 솜씨가 사람의 몸 전체에 담겨 있다. 하지만 지금 우리의 몸은 타락에 의해 손상되어 있다. 그럼에도 불구하고 여전히 인간의 몸은 참으로 놀랍다. 그러므로 "너희 몸으로 하나님께 영광을 돌리라"고전 6:20는 명령은 타당하다.

전도서 12장 3-4절은 늙은 때의 연약함에 대해 묘사하고 있다. 집을 지키는 자들양팔과 힘 있는 자들양다리은 연약하여져서 흔들거린다. 맷돌질하는 자들이빨들이 줄어들고 창문들이 어두워진다시력이 약해진다. 길거리 문들이 닫히며귀가 잘 들리지 않게 되며 맷돌 소리가 적어진다씹는 것이 힘들고 느려진다. 신경은 쉽게 놀라며 목소리는 작아지고 높은 산에 오를 힘이 점점 줄어든다. 높은 곳이 두렵고 머리카락은 살구나무 꽃처럼 희어 진다. 작은 일들도 큰 짐이 되어 감당하기 힘들고 정력은 약해진다. 이러한 묘사들은 사람이 늙어서 이 땅의 여정을 마칠 때가 가까워졌음을 알려 준다.

사망이 주장하지 못하는 영역

"은 줄이 풀리고 금 그릇이 깨지고 항아리가 샘 곁에서 깨지고 바퀴가 우물 위에서 깨지고"전 12:6.

전도서 12장 6절은 사람의 신체 기관들의 아름다움과 뛰어난 기능들을 묘사하였다. 척추는 은 줄로, 총명한 머리는 금 그릇으로 묘사하였다. 지치지 않는 심장은 계속 사용되는 항아리로 묘사하였고, 혈액 순환 시스템은 우물에서 사용되는 도르래바퀴로 묘사하고 있다. 이 모든 것은 생명을 유지하는데 가장 중요한 기관들이다.

죽음이 몸을 공격하여 그 귀한 기관들을 파괴하기 전까지 은 줄과 금 그릇, 항아리, 바퀴는 쉬지 않고 활동한다. 그러나 죽음이 가까워질수록 기능이 약해진다. 그리고 마침내 죽음은 집 안으로 들어와 모든 기능을 파괴한다. 이처럼 죽음은 끔찍하고 무서운 면을 지니고 있다.

"맨 나중에 멸망 받을 원수는 사망이니라"고전 15:26.

우리 주께서는 "죽기까지 복종하셨다"빌 2:8. 그러나 "그리스도께서 죽은 자 가운데서 살아나셨으매 다시 죽지 아니하시고 사망이 다시 그를 주장하지 못하게 되었다"롬 6:9. 마찬가지로 죽음은 더 이상 그리스도 안에 있는 우리를 주장할 수 없다.

낡아지는 육체와 영원한 영혼

"흙은 여전히 땅으로 돌아가고 영은 그것을 주신 하나님께로 돌아가기 전에 기억하라" 전 12:7.

사람은 흙이며 동시에 하나님의 형상을 지니고 있다.

"여호와 하나님이 땅의 흙으로 사람을 지으시고 생기를 그 코에 불어넣으시니 사람이 생령이 되니라" 창 2:7.

사람은 이 땅에 속한 모든 것과 유사성을 지니도록 지어졌다. 이러한 사실은 비참함이 아니라 도리어 우리의 몸이 특별한 품위를 지니고 있음을 의미한다. 우리는 몸이 있음에도 불구하고 영적인 삶을 사는 것이 아니라, 몸을 수단으로 하여 영적인 삶을 산다.

육체는 땅으로 돌아간다. 하지만 육체의 부활은 삶을 가장 충만하게 회복한다. 우리는 자연의 몸으로 심겨지고 영적인 몸으로 일어날 것이다.

"이 썩을 것이 반드시 썩지 아니할 것을 입겠고 이 죽을 것이 죽지 아니함을 입으리로다"고전 15:13.

하나님께로 돌아간 영은 훗날에 다시 몸을 입게 될 것이다. 바울과 같은 성도들은 '하늘로부터 내려오는 집'을 덧입기를 간절히 소망하였다. 예수 그리스도는 우리에게 구속함을 주셨는데, 주의 구속하심은 우리의 영혼과 몸에 영향을 끼친다. 우리는 예수 그리스도의 죽음과 부활에 연합함으로써 놀라운 영적인 변화를 경험하였다. 하지만 우리는 '성령의 처음 익은 열매'를 받았기 때문에 더욱 '몸의 구속'을 기다리게 된다.

"그뿐 아니라 또한 우리 곧 성령의 처음 익은 열매를 받은 우리까지도 속으로 탄식하여 양자 될 것 곧 우리 몸의 속량을 기다리느니라"롬 8:23.

성경은 중생한 사람의 마지막 모습에 대해 언급한다.

"피조물이 고대하는 바는 하나님의 아들들이 나타나는 것이니"롬 8:19.

우리가 간절히 기다리며 바라는 그 위대한 순간이 임할 때 우리는 하나님의 손길, 그 그늘 아래서 하나님의 얼굴의 완전한 광채를 뵈옵는 상태로 변화할 것이다.

결론

"전도자가 이르되 헛되고 헛되도다 모든 것이 헛되도다 전도자는 지혜자이어서 여전히 백성에게 지식을 가르쳤고 또 깊이 생각하고 연구하여 잠언을 많이 지었으며 전도자는 힘써 아름다운 말들을 구하였나니 진리의 말씀들을 정직하게 기록하였느니라 지혜자들의 말씀들은 찌르는 채찍들 같고 회중의 스승들의 말씀들은 잘 박힌 못 같으니 다 한 목자가 주신 바이니라 내 아들아 또 이것들로부터 경계를 받으라 많은 책들을 짓는 것은 끝이 없고 많이 공부하는 것은 몸을 피곤하게 하느니라 일의 결국을 다 들었으니 하나님을 경외하고 그의 명령들을 지킬지어다 이것이 모든 사람의 본분이니라 하나님은 모든 행위와 모든 은밀한 일을 선악 간에 심판하시리라"전 12:8-14.

전도서는 이해하기가 쉽지 않다. 또한 땅의 것들에 욕심 있는 자들에 의해 많은 부분이 곡해되어 왔다. 그러나 전도서의 저자 솔로몬은 분명한 결론을 내림으로써 그리스도인들로 하여금 그릇된 해석을 피하도록 돕는다. 솔로몬은 세상이 줄 수 있는 모든 것을 소유한 자였다. 얼마든지 자신의 뜻대로 세상의 것들을 사용할 수 있었다. 그는 하나님께서 주신 선한 것들을 사용하는 것은 죄가 아니지만 욕심으로 세상 것들을 남용하면 죄라고 분명히 밝힌다. 우리는 하나님께서 주신 분깃을 즐길 특권이 있다. 그러나 모든 것이 하나님의 뜻에서 벗어나지 않는 범주 내에서 사용되어야 한다. 그때 삶의 기쁨은 영원한 의미를 지니게 된다.

따라서 솔로몬이 내린 결론은 인생은 "하나님을 경외하고 그의 명령들을 지키는 것"만이 의미를 갖는다는 것이다. 여기서 '경외'란 노예가 주인의 매를 두려워하는 그러한 종류의 것이 아니라 존경하고 사랑하는 아버지에게 아들이 표현하는 거룩한 진심을 의미한다. 또한 주의 명령을 지키는 것은 하나님 앞에서 떳떳하기 위해 인간적인 의를 쌓는 율법적인 순종이 아니라 하나님께서 보내 주신 우리 주 예수 그리스도를 믿고 그분 안에서 감사함으로 하나님께 순종하는 것을 뜻한다. 즉, 하나님께서 우리로 하여금 사랑에서 비롯된 순종을 할 수 있도록 주 예수 그리스도에게 십자가의 구속을 감당하게 하신 것이다.

하나님은 인간의 모든 행위와 모든 은밀한 일을 선악 간에 심판하실 것이다. 그때 주께서는 우리가 어느 단체에 속해 있었는지, 어떤 감정을 갖고 어떤 고백을 하였는지 평가하지 않으신다. 신앙적인 체험에 대해서도 묻지 않으신다. 주께서 귀하게 여기시는 것은 오직 우리의 거룩한 성품과 순종이다. 거룩한 성품은 그리스도의 형상을 얼마나 닮아 있는가 하는 것이다. 또한 순종은 그분의 뜻에 따라 얼마나 자기주장을 버리고 주님께 자신의 삶을 드렸는가 하는 것이다. 이 땅에 사는 동안 우리 안에 계신 그리스도의 생명을 나타냄이 곧 우리의 성품이 된다. 또한 주께 순종할 때마다 그분의 형상이 우리의 내면을 빚어간다. 인간에게 있어서 영원한 실체는 오직 그리스도의 생명 밖에 없다. 그러므로 우리의 거룩한 성품과 순종만이 하나님 앞에서 가장 귀하고 영원한 것이다.

하나님의 손길의 그늘 아래에서 우리는 하나님의 얼굴을 대하며 영원한 영광을 얻을 날을 준비할 수 있다. 고통의 때이든, 즐거움의 때이든, 좌절할 때이든, 형통할 때이든, 우리는 언제나 하나님의 손길의 그늘 배후에 있는 그 크신 영광을 바라보아야 한다.

역자 후기

챔버스의 마지막 메시지

「오스왈드 챔버스의 전도서」 번역을 마치며 나의 귀와 마음은 온통 '주 예수 그리스도를 통한 하나님과의 관계'에 집중되어 있었다. 그만큼 이 책에서 쉬지 않고 반복되는 표현이었기 때문이다.

번역을 하면서 챔버스가 주님과 얼마나 깊은 사랑에 빠져 있는지 발견할 수 있었다. 이 책에서 챔버스는 사랑에 빠진 연인처럼 예수님을 언급하고 있다. 그래서 처음엔 '너무 지나치지 않나' 하는 생각이 들 정도였다. 하지만 번역을 마치면서는 '나야말로 주님과의 사랑에 가닿으려면 아직 한참 멀었구나'라는 부끄러움을 느끼게 되었다.

인생의 해결책은 주님과 사랑에 빠지는 것이다. 그분이 나를 위해 어떤 일을 하셨고, 또 내게 일어나는 모든 일이 그분의 사랑의 표현임을 믿음으로 알 때, 우리는 하나님의 섭리를 다 이해할 수 없더라도 그 사랑에서 오는 기쁨을 누리게 될 것이다.

삶의 궁극적인 목표와 현실 문제에 대한 해답을 알고자 한다면, 그의 마지막 강론인 이 책을 강력하게 추천한다. 이 책은 대단히 심오하며 우리의 현실 문제를 해결하는 지혜로 가득 차 있다. 독자의 현재 상태와 마음 상태가 어떠하든 이 책에 귀와 마음을 집중한다면 그리스도를 만나고, 모든 환경을 초월하는 하나님의 평강을 누리게 될 것이다. 이는 나 자신도 이 책을 통해 경험했기 때문에 자신 있게 말할 수 있다.

수수께끼 같은 이 세상에서 영원한 보람과 의미를 찾고자 한다면 먼저 그리스도 안에서 거듭나야 한다. 그러고 나서 세상을 창조하시고 주관하시는 그분의 뜻에 따라 주어진 상황에서 믿고 순종해야 한다. 그러할 때 가장 기쁘고 안정된 삶, 영원한 의미를 지닌 삶을 살 수 있게 될 것이다.

스데반 황

오스왈드 챔버스 시리즈 25
오스왈드 챔버스의 전도서

1판 1쇄 2013년 11월 25일
2판 3쇄 2023년 2월 10일

지은이 오스왈드 챔버스
옮긴이 스데반 황
발행인 조애신
편집 이소연
디자인 임은미
마케팅 전필영, 권희정
경영지원 전두표

발행처 도서출판 토기장이
주소 서울시 마포구 동교로 71-1 신광빌딩 2F
출판등록 1998년 5월 29일 제1998-000070호
전화 02-3143-0400
팩스 0505-300-0646
이메일 tletter77@naver.com
인스타그램 togijangi_books_

ISBN 978-89-7782-369-3

• 이 책은 저작권 법에 따라 보호를 받는 저작물이므로 무단 전재와 무단 복제를 금합니다.
• 이 책의 전부 또는 일부를 이용하려면 반드시 저자와 도서출판 토기장이의 동의를 받아야 합니다.

도서출판 토기장이는 생명 있는 책만 만듭니다.
"우리는 진흙이요 주는 토기장이시니 우리는 다 주의 손으로 지으신 것이니이다" (이사야 64:8)